イラストエッセイ

似合う着物が3枚あればいい

きくちいまが伝えたい！
40代からの新・着物生活

きくちいま

体型や似合う洋服が変わってくる
40代を過ぎたら、
似合う着物を3枚、
ワードローブに加えてみませんか。
ふだん着でもおでかけ着でも、
冠婚葬祭専門でも、
着物はなんだっていいです。
洋服を10回着るところに、着物を1回、
割り込ませる。

着付けやルールが面倒くさい。
収納やメンテナンスが大変。
お金がかかる。
着物を敬遠する3大負担は、
365日着物を着る四十路女・きくちいまの
知恵（悪知恵も！）と経験で解消できます。

洋服とときどき着物。
大人の女性の一番おいしいスタイルです。

はじめに

皆さん、40代に突入した日々、ウエストのくびれは健在ですか？　体型の崩れにがっかりしていませんか？　似合う洋服がわからなくなってきたとお嘆きではありませんか？

解決策があるのです。きものです。きものは、着るだけで三割増し美人に見えます。スタイルは関係ありません。むしろ、くびれなど敵。皮下脂肪で丸みがついた体に着るきものは、ゆったりとやわらかい女らしさを引き出してくれます。

さらに、40～50代といえば人生における中間管理職。職場では部下ができ、責任がある立場となり、社内外に仕事を通じた人間関係がどんどん増えてきます。私生活ではＰＴＡや地域のお付き合い、冠婚葬祭の仕切りを任せられるように。

つまり、若い頃よりも社会生活のセレモニーやお付き合い、冠婚葬祭がぐんと増えるということです。こういうときにこそ、ぜひきもので。若い子と一線を画する、大人の女性のかっこよさを見せつけるのです。たとえばお通夜や告別式の会場で、わたしはきものの喪服姿の女性を見かけると、不謹慎とはわかっていても、きちんとした礼装で見送ろうとするその姿勢や佇まいを、美しいと思ってしまいます。

きものは日本の伝統文化。これほど礼を尽くせる衣服はないと思います。

この本を書くにあたって、20代からきもの道を突っ走ってきたわたしは、増えに増えたきものの棚卸しをしました。そうしたら、これから先のきものとの付き合い方が見えてきました。

きものはわたしにとって人生に寄り添う衣服。ふだんは楽に、出かけるときは楽しくわたしらしく、フォーマルシーンでは礼節を尽くして、きものをまとっていきたい——。

ここから先も人生いろいろありそうですが、何はともあれ、わたしに似合うきものが3枚あれば、わたしはきっと胸を張って生きていける！　きものを着ることでわたしらしさを保ち、おしゃれを楽しみ、「明日はもっといい日になる」と信じていこうと思います。

日本の女性の背中にはみんな〈きものスイッチ〉がついています。「きものっていいな」と思ったときがスイッチオンになった瞬間。この本を読んでくださった皆さんのきものスイッチ、わたしがポチッと押しましたよ。

さあ、一緒に楽しんで参りましょう。

平成27年4月

きくちいま

もくじ

はじめに —— 4

第1章 着付け問題 —— 9

たかが着るもの。着付けができるとこ～んなにお得。がんばって！ —— 10
更年期世代の体と心によく効きますきものは着る漢方薬！ —— 12
時短着付け その1 おはしょりを制する、鏡を見ない —— 14
時短着付け その2 使える小物と高機能下着を手に入れる —— 16
時短着付け その3 作り帯をこわがらないで —— 18
時短着付け その4 進化し続けるきもののまわり —— 22
迷ったときに力を発揮 使える帯揚げ&帯締めの色選び —— 24

きものの便利さも実感！ きもの合宿旅行で着付け力をつける —— 26
どこで着付けを習うか？ とりあえず無料着付け教室はご用心 —— 30
夏のおしゃれはきものが最高 涼しい顔してきものを着るコツ —— 32
コーディネートが楽しい無地きもので着付けのハードルを下げる —— 36
ファッションとして当たり前のことは、きものでも当たり前にします —— 40
コラム **いま流きものの365日Ⅰ** —— 44

第2章 収納問題 —— 45

タンスの肥やしはストレスの元 着ないきものを手放して身軽になる —— 46
タンスも心も、すっきり！ きもの断捨離やってみました —— 48
きものの収納を面倒くさくしない 正しいたたみ方とズボラなしまい方 —— 52

収納不全にならないための
お下がりきもの対策 —— 54

脱いだそのあとも簡単
洋服用のハンガーでさくっと干す —— 56

きものは洗濯機で洗える時代
三種の神器があれば手間なし失敗知らず —— 58

カビくさい女にならないために
きものも年1回は健康診断を！ —— 60

たとう紙を今すぐチェック！
きものをカビから守る防湿対策 —— 62

コラム　いま流きもの365日Ⅱ —— 64

第3章
お金問題 —— 65

お金をかける贅沢とは違う贅沢がある
今の自分に似合うきものを着る —— 66

きものはわたしの人生に寄り添う衣服
だからこんなきものを選びます —— 68

冠婚葬祭オールマイティー
「1枚あれば便利」な色無地の真骨頂 —— 72

お金で買えないものをきものに託す
お守りきもので厄除け、心願成就！ —— 74

きものを着るシーズンを延ばす
きものワードローブにコートを投入すべし！ —— 76

長襦袢は大嘘つき！
大人の女のきものにはばれない嘘が必要 —— 78

お気に入りのリサイクルショップで
大人買いするなら、これ！ —— 80

きものVS洋服
長持ちするのは圧倒的にきもの —— 82

成人式までカウントダウンが始まった
お年頃の娘がいる皆さんへ —— 92

呉服業界の皆々様へ
きくちいまより公開質問状です —— 94

コラム　いま流きもの365日Ⅲ —— 96

特別付録1
40代からの美しい着付け —— 97
美しい着姿／残念な着姿／襟／下前／上前／シワ・たるみ／衣紋
きものの着付けQ＆A —— 108

特別付録2
お役立ち 着物うんちく —— 113
女性の着物（袷）の各部の名称／着物を着たときの各部の名称／着物の仕立ての仕組み／着物からマイサイズを出す／マイサイズを割り出す／着物の各部のサイズ
着物のたたみ方／長襦袢のたたみ方／名古屋仕立ての名古屋帯のたたみ方／袋帯のたたみ方／羽織のたたみ方／コートのたたみ方

おまけ きくちいま・きものカルタ —— 126

■本書に掲載しました商品、価格などの情報は、2015年4月現在のものです。
これらに関しては予告なく変更される場合がありますので、ご了承ください。
■価格はすべて本体価格です。
■仕立て直しに関する料金は、着物や帯、羽織の状態や加工の内容によって、本書に掲載したものとは異なってきます。

1章

着付け問題

時短ワザとすぐれもので解決

たかが着るもの。着付けができると こ〜んなにお得。がんばって！

ハ〜〜イ ちょっとだけ 締めますよ〜〜〜
ぐえぇ
ぎゅううううう
人間ボンレスハム状態!!
ゆうべ飲みすぎたから、今日は紐をゆるめにしておこう……
これができると楽です！

着付けができないのでプロに着せてもらう場合と、自分で着られる場合では、圧倒的にセルフ着付けのほうがお得です。

前者だと、美容室や個人営業の着付け師さんなどを探して予約を入れなければいけません。着付けの当日は着上がり予定の2時間前入りが一般的で、きもの一式抱えて移動。帰りも着てきた洋服から靴まで詰め込んだ大荷物付き。そして当然、毎回着付け代がかかります。1回1万円として、年間5回着たら5万円。

自分で着付けができたら、こんな時間も体力もお金も大幅にカットできます。着たいと思ったら、

いつでもすぐに楽しめます。

さらに、きものを着る機会が増えると、もっとお得なことが! きものを着ていると、隣りに流行のファッションで決めた若いコがいようと、無条件に「すてきですね!」とほめられるんです。きものは着るだけで美人度が三割増し、ぐっと底上げになると、わたしは確信しています。

以前、わたしの出版記念パーティーを平日の夜に行ったことがありました。更衣室を用意したところ、会社帰りのぎりぎりの時間で飛び込んで、涼しい顔でささっと着付けをしている人がたくさんいましたよ。大人の女の余裕という感じでかっこよかったです。

その昔、きものは日本人のふだん着だったんですからね。

大丈夫、着付けなんて簡単!

更年期世代の体と心によく効きます
きものは着る漢方薬！

「きものは 締めつけが」とか
「苦しそう」とかおっしゃいますが…
えっ？
寄せて上げるワイヤー入りのブラジャー
ウエストニッパー付きの補整ロングガードル
ストレッチ素材の洋服
先のとがったハイヒール
着圧ストッキング
きものの下は こうなってますのよ ホホホホ
締めるのはきもののときの腰紐のみ

20〜30代の頃のわたしは冷え症がひどく、いつも不気味に思うほど足とお尻が冷えていました。排卵障害に悩まされていて、婦人科へ通い、結婚してからは、不妊症治療のために毎月排卵誘発剤を打つ治療を繰り返してきました。

毎日きものを着ると決めたのは25歳のとき。凹みそうになる自分の心を励ますためでもありました。

そして現在。さくっと40歳を越えて貫禄の三児の母となりました。冷え体質は改善され、わたしの足はいつも裸足でいたいくらい、ぽかぽかと温かいのです。

それはなぜか？　きものに冷えに効くポイントがたくさんあるお

腰紐の位置は
重要なポイント
エイッ
へその下の肉は
裾よけでぐいっと持ち
上げて「なかったことにする」
のですが、このとき
腹筋を意識
するとよいです。
ぐいっ
不正出血しても
きものを汚さない
裾よけ
骨盤の
位置
ウエストの位置だと苦しいだけでなく着崩れもしやすいの。
きものを着ていると
腰痛も頭痛も
楽になるん
ですよね～
きくちさん！
それは
腰紐で
骨盤矯正
できているん
ですよ！
カイロプラクティック
の先生

かげなのです。

きものは腰から下をどこも締めつけないので血行を妨げない。布を重ねて着るので布の間に断熱効果ばっちりの空気の層ができて体を包む。帯が腰とおへその下の丹田をしっかり温める。さらに腰紐は開いた骨盤を締め、体の歪みを矯正するので、頭痛や腰痛も改善されるようです。更年期症状で血圧が安定しないから、胸紐をゆるめに結ぶという人もいます。

自分で着付けができると、このように体調に合わせて紐の結び加減を調整できるわけです。

長男を産んだとき、東洋医学にも詳しいドクターが言いました。「きものは、着る漢方だからね」

何かと体調の波、気持ちの波があるお年頃だからこそ、自分できものを着て健康管理ですよ！

時短着付け その1 おはしょりを制する、鏡を見ない

「マイサイズ」だと おはしょりが スパッと 決まります!!

早い!

大きすぎたり 短すぎたりすると おはしょりでもたついて 時間がかかります。

あれ?

あれれ?

おや?

むむ?

このきもの、着やすかった♡

おはしょりの長さは腰紐の位置で変わります。着やすいきものの身丈を覚えておくとよいですよ。


母が毎日きものを着る人だったので、わたしも母の着付けを見ているうちに、物心がついたときはすでに、自分できものを着られるようになっていました。

母の着方は、ふだんは腰紐1本でゆるく楽に着て、フォーマルのときはきちんと襟を合わせて、きりりと伊達締めを締める。そのやり方を見て育ったので、わたしもふだんの着方は腰紐1本とはいかないまでも、ゆるく楽な着方だと思います。ちなみにふだんは5分で着ます。

時短着付けができるのは、なんといってもマイサイズのきものです。身丈や身幅が合わないプレタ

やリサイクルのきものは、おはしょりにもたついて、余計な時間がかかってしまいます。初めてマイサイズで作った織りのきものを着たとき、わたしはおはしょりがすぱっと決まるという快感に驚きました。

姑もきものを着る人ですが、鏡を見ずにささっと着るんです。その姿を見て、目からウロコが落ちました。すっかり影響されて、わたしもふだんは鏡なしで着られるようになりました。鏡をいちいち見ずにどんどん着ていくということを繰り返すと、とにかくスピードはアップします。

なんにせよ、着付けが上達するためには、回数をこなすのが一番。それから着付けは一生ものとは思うなかれ。着ないでいるうちに、せっかく覚えたコツも忘れてしまいます。もったいない〜!

時短着付け その2

使える小物と高機能下着を手に入れる

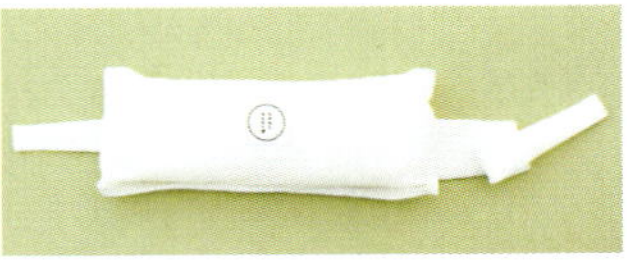

柔らかい立体メッシュの帯枕なので
汗をかいても軽くてムレない！
空芯才DX2,500円／たかはしきもの工房

1本で3本分の安定感!!
華
値段はかわいくないけど、いい仕事をするんです。こんな女になりたい!!

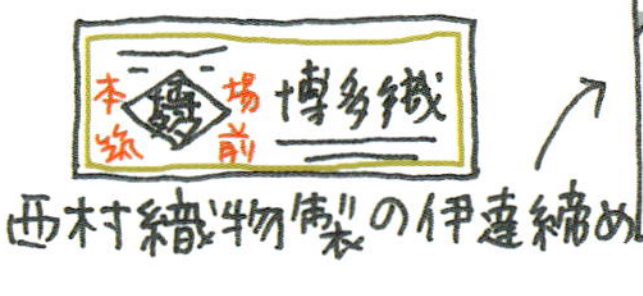

本場筑前
博多織
西村織物製の伊達締め

その道を極める職人さんは、道具にこだわりますが、わたしたちのきもの道も同じです。使い勝手のいい小物は、着付けの1秒ひと手間をスムーズにしてくれます。

わたしが失敗を繰り返してようやく得た、定番小物はこんなもの。

●博多織の伊達締め。締め心地が最高で体にしっくりなじむ。心浮き立つ華やかな色のもの。

●帯枕は『空芯才デラックス』。お太鼓の形がきれいに出て安定感もある。洗濯機で洗っても型崩れしない。

●帯板は板だけのタイプ。マジックテープ付きはバリバリという音が苦手。あちこちにくっついて生地を傷める不安もある。

皮下脂肪という名の肉付き女子になっているわたしたちは、和装下着選びも大事です。

本書98ページに登場している着付け師の立川さん絶賛の高機能和装ブラ。これはすごいですよ。横流れしたお乳と脇の肉を寄せてあげてから、ふんわりつぶす。鳩胸の女らしい谷間が補整いらずの自前の肉だけで作れちゃうんです。補整の手間が省けるから、着付け時間も短縮できます。

締まりの悪い帯締め。ゴムの伸縮力が弱いコーリンベルト。ピンチ力がありすぎて指が痛くなる着付けクリップ。あったら便利と勧められたけれど、使い方がよくわからない帯結びの道具……。惰性で使っていたら、即捨てです。

時短着付けの道は道具にあり。

肌襦袢

すべりがよくてもたつかない1枚仕立て。両脇からバストをしっかり包み込み、足さばきも楽！
22,600円／ Wafure

和装ブラジャー&ショーツ

横流れするバストを両脇から寄せて美しい丸みを作ります。
12,000円／ Wafure

腰紐にかからない絶妙なヒップハング。
4,500円／ Wafure

補整なしの美胸が完成！

女らしい豊かなバストの印象を残しつつ、すっきりとした鳩胸がブラジャーを"履く"だけで完成！

和装ブラジャー

下から履く抜群のサポート力でも締めつけ感なし。美しい胸の谷間ができます。
7,300円／たかはしきもの工房

時短着付け その3

作り帯をこわがらないで

くるくる〜っと巻いて紐を結んでホ〜ラもうここまで。
帯枕入れますよ
帯山まっすぐ

帯を切っちゃうなんてもったいない、という思い込みから作り帯に踏み込めない人が多いようですが、その半面、作り帯の作り方教室は60〜70代のきものおばさまたちに大人気です。

なんといっても帯山が曲がらず、すっきりしてきれい。誰が見ても作り帯だとはわかりません。結ぶ手間も省けます。

作り帯はざっくり三つのタイプがあります。胴部分とお太鼓部分に切り分けた二部式タイプ、胴部分とお太鼓部分に切ってつなげたT字タイプ、切らずに縫ったりクリップなどで留めたりしたタイプ。

わたしは切ってつなげるT字タイプ派で、固くて結ぶのが大変な帯、喪服用などお太鼓にしか結ばない帯、ポイント柄を出すのが難しい帯を作り帯にしています。特に麻素材の帯は、結んだときにシワにもなりやすく擦れた部分が傷みやすいということもあって、率先して作り帯にしています。

どうしても帯を切ることができず、縫って形づくるタイプにした人に、「そのあと、帯どうした？」と聞いてみると……。結局、できあがった作り帯を、ほどいて使うことはないそうです。

作り帯に慣れたらそりゃ楽で便利ですから、元の形に戻せない気持ち、よくわかります。

きもの作法にうるさいおばさま世代もすなる作り帯といふもの、わたしは、ひきだし一段が全部作り帯で埋まっています。

夏の名古屋帯２種

夏こそ手早くきものを着たいので作り帯は大助かり！　いただきものの絽の小紋を夏の作り帯に作り替えました。柄の出方を微妙に変えています。

袖にワザあり、これも時短！

いっそ長襦袢の袖なしという最終手段もあるのだけれど、……
大人乙女にとってはチラリと見える袖も大事。と言いつつ、手作りの袖で手抜きです。

袂からチラリと見える袖。手抜きはばれません。

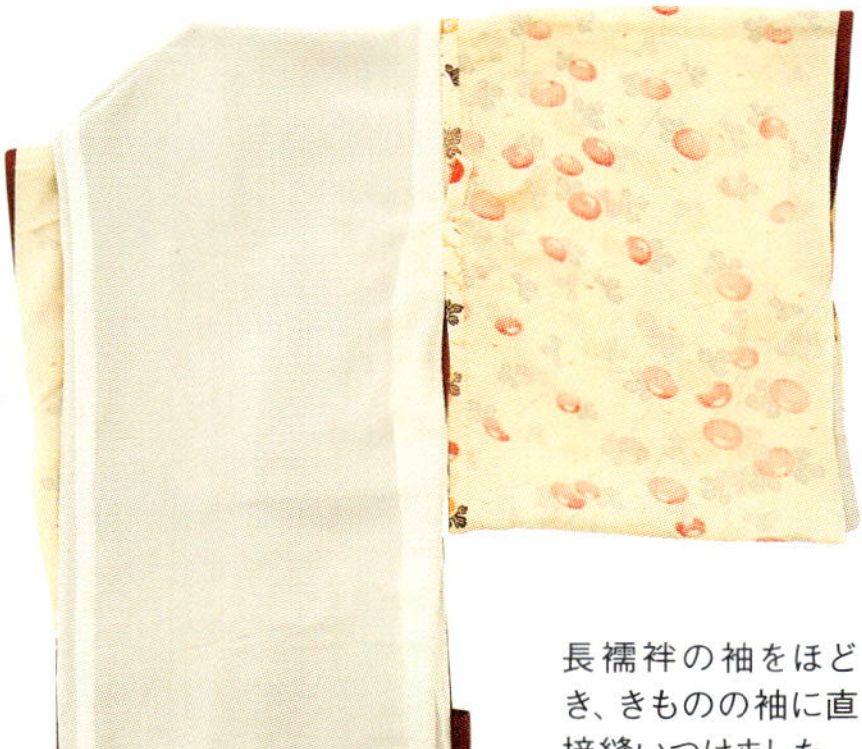

長襦袢の袖をほどき、きものの袖に直接縫いつけました。

図解！わたしの作り帯

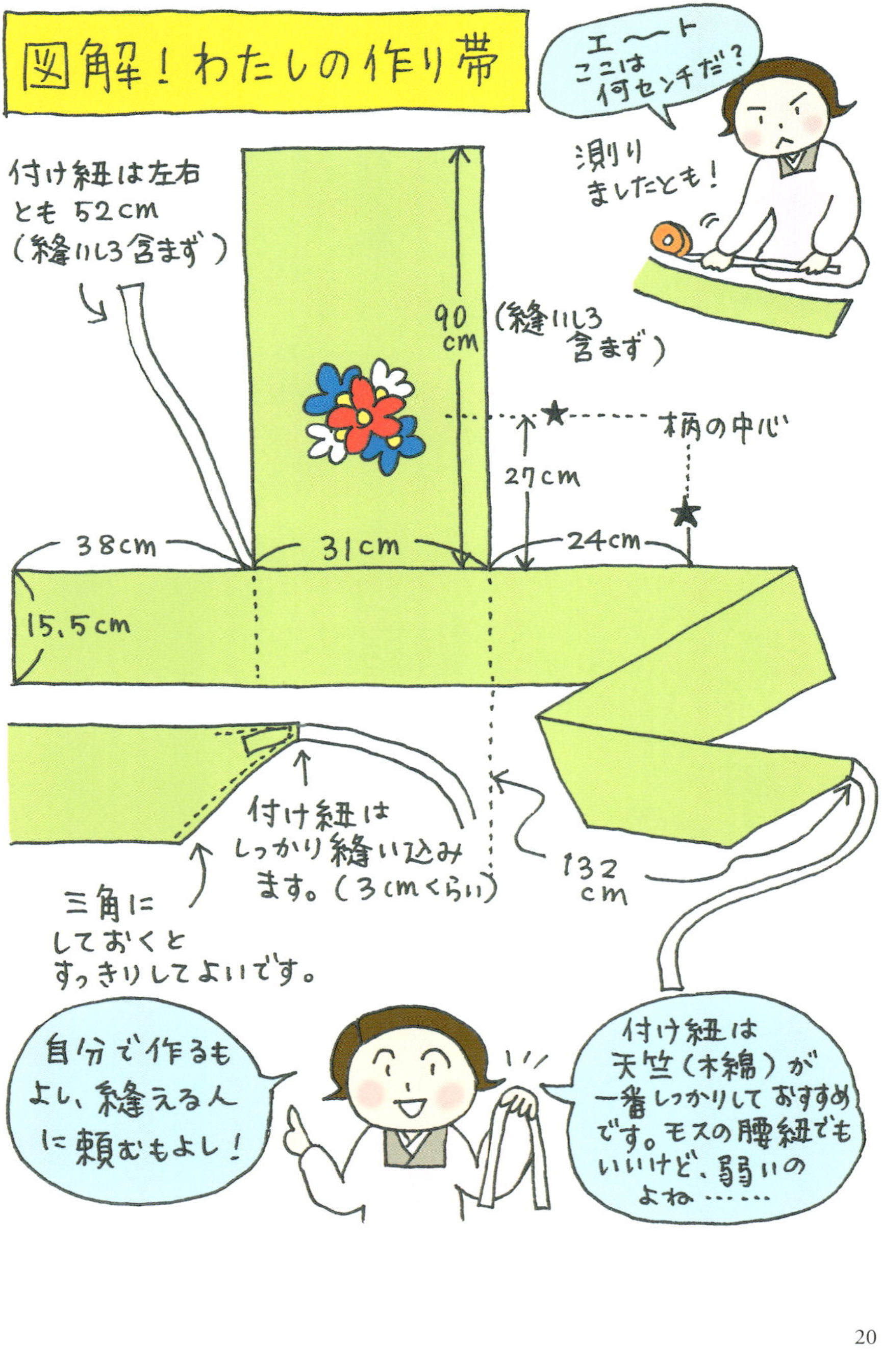
エ〜ト ここは何センチだ？
測りましたとも！
付け紐は左右とも52cm（縫いしろ含まず）
90cm（縫いしろ含まず）
柄の中心
27cm
38cm
31cm
24cm
15.5cm
付け紐はしっかり縫い込みます。（3cmくらい）
132cm
三角にしておくとすっきりしてよいです。
自分で作るもよし、縫える人に頼むもよし！
付け紐は天竺（木綿）が一番しっかりしておすすめです。モスの腰紐でもいいけど、弱いのよね……

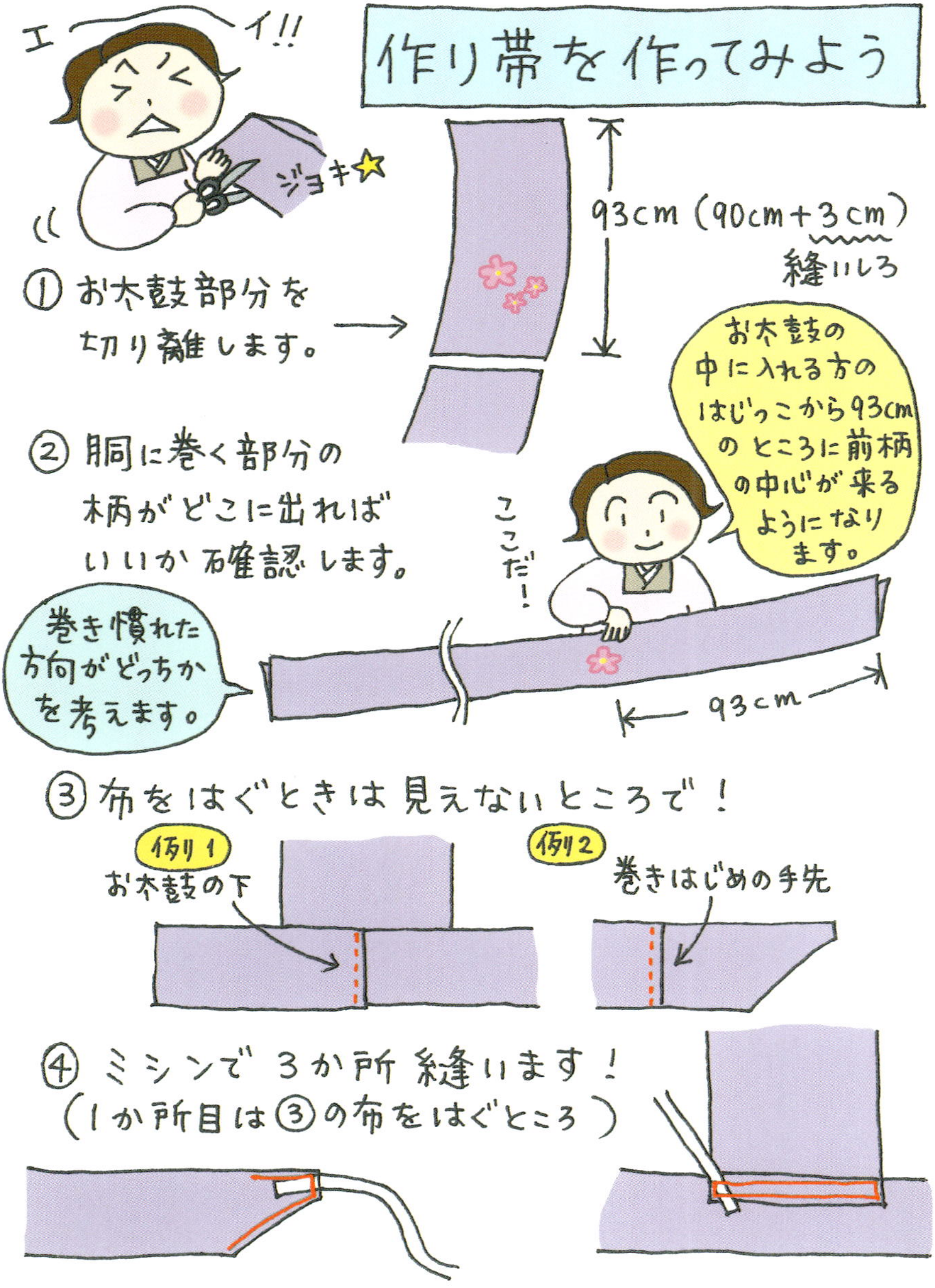
作り帯を作ってみよう
エーイ!!
ジョキ☆
93cm（90cm＋3cm）
縫いしろ
①お太鼓部分を切り離します。
お太鼓の中に入れる方のはじっこから93cmのところに前柄の中心が来るようになります。
②胴に巻く部分の柄がどこに出ればいいか確認します。
ここだ!
巻き慣れた方向がどっちかを考えます。
93cm
③布をはぐときは見えないところで!
例1
お太鼓の下
例2
巻きはじめの手先
④ミシンで3か所縫います!
（1か所目は③の布をはぐところ）

時短着付け その4

進化し続けるきもののまわり

「かぶせ帯」っていうんです。作り方教室もしていますよ！
へえええぇすごい!!
プロきものスクールの、海老原美智子さん
教室に行く気満々のわたし

「いまさん、これ見てください」

和裁士の海老原さんが突然帯揚げの下から白く細い紐を引き出し、ちょうちょ結びを解き始めました。すると、するり。

お太鼓がめくれて、その下から全然違う帯が顔を出したのです。海老原さん考案の〈かぶせ帯〉というもので、お太鼓と前帯の上から、好みの布をカバーのようにかぶせて、まったく違う帯に変身させてしまうのでした。

これにはわたしもびっくり。旅行や出張には荷物削減のためにリバーシブル帯を活用していますが、帯そのものにカバーをしてしまおうという発想はありませんでした。

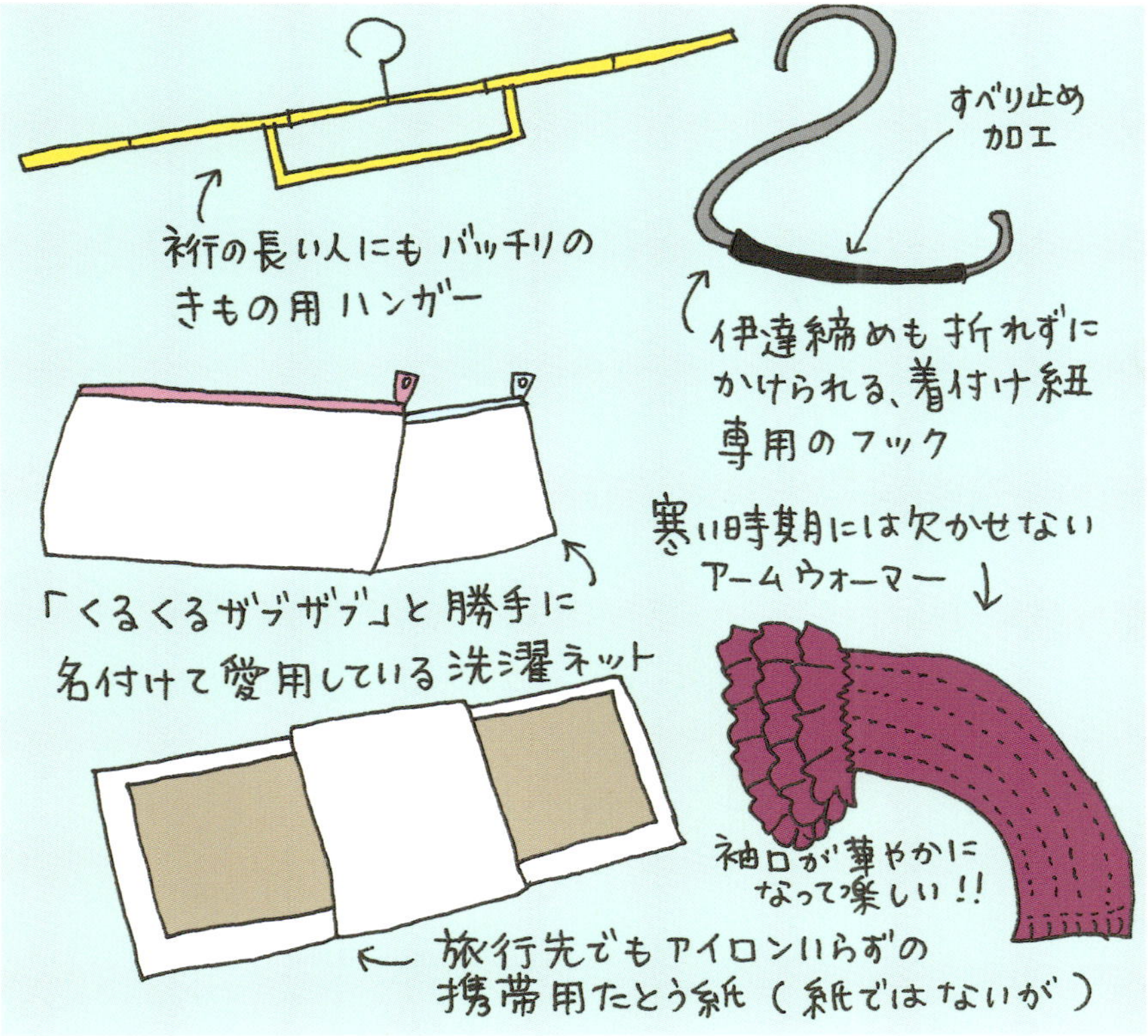
裄の長い人にもバッチリの
きもの用ハンガー
すべり止め
加工
伊達締めも折れずに
かけられる、着付け紐
専用のフック
寒い時期には欠かせない
アームウォーマー
「くるくるガブザブ」と勝手に
名付けて愛用している洗濯ネット
袖口が華やかに
なって楽しい!!
旅行先でもアイロンいらずの
携帯用たとう紙（紙ではないが）

半襟がファスナーであっという間につけられる襦袢や、替え袖がスナップで留められるうそつき襦袢、着るだけで補整が完璧になるベスト。アイロン不要の洗い上がりになる洗濯ネット、袖が折れないきもの専用ハンガーに絶妙サイズの腰紐用フック、帯かけ用のはしご状の木製ラダーラック。すべて着付けまわりにかけるトータルの時間を短くするための便利アイテムです。

　少しでもストレスを減らしてきものを着てもらうために、きものを愛する人たちが次々と便利アイテムを開発し、日々改良に努力しています。その情熱たるや！

「使えるか使えないか」という値踏みが何気に容赦ないアラフォーの皆さん、進化した小物は間違いなく使えます！

迷ったときに力を発揮 使える帯揚げ&帯締めの色選び

MY定番カラー・帯揚げ

【春秋冬】

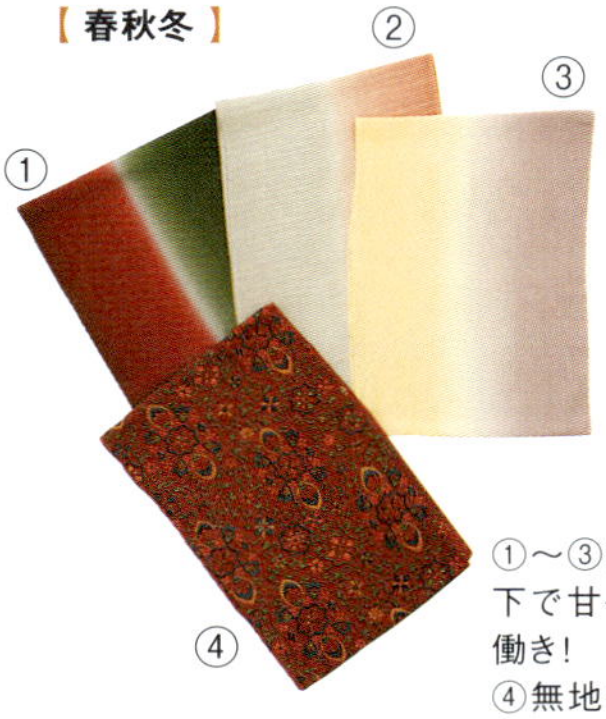

①〜③染め分けなので上下で甘〜渋まで6枚分の働き!
④無地きものには柄帯揚げ。おしゃれで楽しい

【夏】

①渋コーデ用は深緋の絽縮緬。着姿が締まる
②淡い市松模様の絽縮緬は甘コーデに
③夏物に寒色系は必需品

MY定番カラー 帯締め

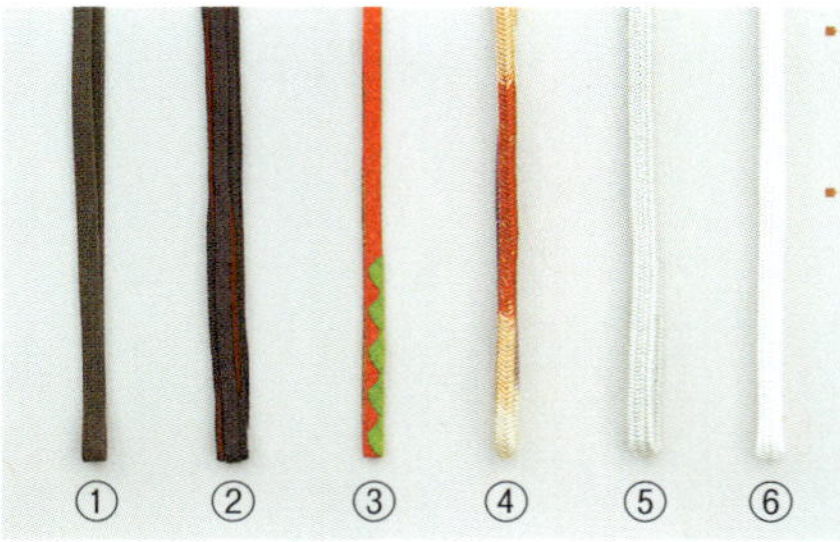

①②渋コーデに
③幾山乗り越えてという気分が晴れの日に
④大枚はたいただけあって使いやすい染め分けの道明
⑤⑥コーデがごちゃついたらオフホワイトやグレーが便利

着付けが大変と感じる理由の一つに、洋服に比べて、絶対的にコーディネートの勘が働かないということもあると思います。追い打ちをかけるように、きものを売る側ときもの本を作る側は、「格や季節の組み合わせを間違うのは恥ずかしいことです」と脅しをかける。

　わたしにいわせれば、格問題は、皆さんが洋装で培ったフォーマル感覚で十分。冠婚葬祭の場で外さない線を押さえて、どこまで深追いするかは個人の感性でいいと思います。季節のルールなんて地球温暖化の現代、暑がりのわたしは耐えられません。真夏に袷はNGくらいですね、守っているのは。

定番カラー組み合わせ例

単衣と夏物の寒色系コーデに。
締め色の三分紐に小さな帯留めで。

薄紫は四十女の定番カラー！
一番出番の多い組み合わせです。

ツートン帯揚げにクールグレーの
帯締め。すっきりまとまります。

サルビアや立葵など夏の赤い花を
イメージして色を使うのも楽しい。

残るは、色選びの問題。これはきものと帯のどんな組み合わせにもなじむ、定番の帯揚げと帯締めを見つけておきましょう。ネットなどで〈オススメ！　帯揚げ10枚セット〉とかを見るたびに、本当に使えるものは何色あるだろうと疑問に思います。

わたしのお勧め帯揚げは1枚で2度おいしいもの。上下で2色のぼかし染めになっているものは、上下を変えれば雰囲気も変わるので1枚で2枚分。お得です。

帯締めもやっぱりいろんな色が入っているぼかしカラーが優秀。それとオフホワイトとクールグレー系も使用頻度が高いです。きものと帯の組み合わせがどことなくごちゃついたときに使うと、すっきりまとまってくれるので大活躍しています。

きものの便利さも実感！きもの合宿旅行で着付け力をつける

着付け力をつけるには、とにかく回数をこなすのが一番ですが、忙しい毎日のわたしたち、なかなか自主練の時間は取れません。ここは思い切って、きもので一泊旅行に行ってみませんか。洋服NG、行きも旅先も帰りもきものだけ。車の合宿免許ならぬ、着付けの合宿免状です。

洋服からきものに着替えようとすると大荷物になって大変ですが、最初からきものだけ、と決めると荷物はぐんと減ります。わたしは一泊の出張がよくありますが、いつもちょっと大きめのハンドバッグ一つなので、「えっ、それだけ？」と驚かれます。

きもの用スリップ
お尻からはみ出さない大きさにたたんで腰の補整にします。
これをしておくとトイレに行ったあと、タレがはね上がりません。
スイカ・パスモなど
鏡面になるシートを貼っています。
手帳式のスマホケースをはこせこのように胸元に入れます。
名刺入れやカードケースは帯の間に。
L
R
スマホ用のイヤホンと口紅・リップブラシは小さな巾着に入れて袖の中へ。
お待たせ〜
あぁっ

きものはたたんでしまえばぺったんこ。翌日のワンピース型の下着は腰上の補整に、足袋は手ぬぐいと一緒に丸めて帯枕にします。二日続けて同じ人と会う場合はコーディネートを変えますが、リバーシブルの帯にしたり、長襦袢に半襟をもう1枚ざくざくに粗く縫い付けておいたりして、荷物を増やさない工夫ができます。

こうして空いたバッグのスペースは仕事道具のために。きものって、ほんとに働く女の味方ですよ。

合宿免状旅行ではスケジュールを詰め込まず、着付けの時間をゆったり取りましょう。非日常の空間、洋服に逃げられない状況。やるときはやるアラフォー女子の実力が引き出されるような気がします。

この合宿免状旅行、わたしがツアーコーディネートをやりたいな。

一泊二日の旅行カバンの中身

【サブバッグ】

【財布】

【携帯電話】

【化粧ポーチ】

【手帳＆名刺入れセット】

【風呂敷】

【ペンケース】

【半幅帯セット】

【ポケッタブル・ショール】

in

きものの袖へ

【手ぬぐい＆ティッシュ入れ】

【1日め】

1日めは
濃い色の半襟で
スタイリッシュに！

【2日め】

大人の赤を
効かせます。

半襟を
ぺらりとはずして
淡い色にチェンジ！

帯留めは船。船モチーフは
何かを始めるときに“船出”
のイメージでよく使います。

締まりのきちんとした
帯締めだったら、
お太鼓の中に
文庫本くらい
入れられます。
もうリュック扱い！
高いヤツね
フフフ

これが基本です
手ぬぐい
ポケットティッシュ

どこで着付けを習うか？
とりあえず無料着付け教室はご用心

行ってみようかな
0円
へえ〜 きものの着付け 無料で教えてくれるんだ〜
いやあ〜 名古屋帯なんて今時珍しいわぁ〜！ これでは教えられないわ。
持ち物の「きもの一式」を持っていくと、持参したもの全否定されたり。
えっ…
今は こういう しゃれ袋帯が 主流なんですよ〜
生徒1人当たり30万円、というノルマが課せられている先生もいるのです。
ハァ…
結局高くつきますよ

着付けをどこで習うかは、着付けの目標によって違ってくると思います。

ふだん着る程度でいいのか、フォーマルシーンの晴れ着まで自分で着られるようになりたいのか、プロの着付け師になりたいのか。

ふだんにきものをちょこっと着たい程度なら、着付けができる身近な人に教えてもらいましょう。ただし『着られる＝教えられる』わけではありません。ふつうの人が着付けを教えるというのは、着られない人が思うより気疲れするもの。だから、身近の範囲は仲のいい親戚や親しい友人までです。

きもの身内がいなくて、来月の

個人の着付け教室
この伊達締め使いにコツがあるんですよ！
あっそうなんですか!!
ポイントレッスンや短期集中コースなども充実していることが多いです。
やせて見える着付けのポイントレッスンに申し込む予定です。
フフフ…
その後食べるケーキ
近所の呉服屋さんがやっている着付け教室
着付けだけ習う、でいいんですよ！
欲しいもの見つけちゃったら自己責任ってことですな。
500
平成二十七年
ワンコイン、というのもあります。
公民館などで教える無料の着付け教室
物を売られる心配はありませんが、先生に当たり外れがあるのも事実…
超スパルタ
たとえばわたしが先生とか

飲み会で手っ取り早くきものデビューしたいという人は、呉服屋さんのワンコイン着付け教室が狙い目かも。はずれだったとしてもワンコイン、クレームなしでお願いします。基礎から着付けを学びたい人は、まず個人の着付け教室に体験入門するのがお勧めです。

　転職して着付けを教える仕事がしたいという野望があるのならば、大手の着付け学院に通って、お免状をもらうまでがんばりましょう。

　さて、無料着付け教室というのも着付け業界には存在します。人生経験豊富な皆さんならわかりますね、そう無料より怖いものはありません（詳細はイラストにて）。

　物忘れが加速し、世の中の損得にうるさい年齢になりました。習うなら、今です。

夏のおしゃれはきものが最高
涼しい顔してきものを着るコツ

暑いときこそ
きちっと着て
汗を吸わせる
んです！
冷・房・強!!
ゴオォォォ
涼しい
顔して着る
には涼しく
なくちゃあね！
きちっと
着る
涼しい場所
で着る
麻の
長襦袢
ステテコ
麻混の下着
麻足袋
涼しいインナー
を身につける
麻綿入り肌着

「夏は暑いからきものなんて、ムリ！」なんて思っていませんか。日本の伝統美の食わず嫌いはもったいないです。

薄い羽衣のような紗や絽の優美さ、透かし織りの帯の清涼感、さらりとした麻の着心地、夏限定もしくは秋を先取りにした柄を身につける楽しみ、髪を結いあげて抜いた襟元から覗くうなじの色っぽさ。どれもわくわくしてきます。

四十路過ぎたら、きゃいきゃいとしたカラフルなゆかたをそのまま着るより、半襟をつけて足袋を履き、きものとして着たほうが断然すてきです。

わたしが夏物の中で一番好きな

実はわたし、袷、単衣・夏物の中で一番保有数多いのが夏物なんです。
代表的なきものは以下です♡
夏大島
備長炭入りの雪花絞り
綿絽
小千谷縮
実はこれわたしデザイン☆
これらのきものは洗濯機OK！

なのは、なんといっても小千谷縮。麻100％で、ひんやり、しゃりっとした着心地がたまりません。ゆかたのように着ることもできますが、絽や麻の半襟がついた襦袢に足袋を合わせれば、夏のきものとしても着られます。しかも自宅の洗濯機で洗えて、アイロンはかけちゃいけませんというのですから、うれしいこと、この上ありません。

さらに、袖は恐ろしく冷房の効いた場所ではカーディガン代わりになり、直射日光をさえぎってくれる影にもなり、思いのほか涼しいです。ぷよぷよの二の腕やたるんだ膝まわりをさらさずにすむのもうれしいポイント。

プレ更年期の発汗やのぼせに悩まされ、脇汗顔汗、滝の如しの四十路の夏、麻素材を身につけて、涼しく賢く過ごしましょう。

洗濯機OKの 夏の きものたち

有松絞りのゆかたも味わい深いです。

すっきり見せたいときやアップのときは→毛先を遊ばせません。

加賀古代型染のゆかたは生地が綿絽です。遠目には絹の絽小紋にしか見えません。

大人の女がコーマ地のゆかたを着るなら紺白か白紺がおすすめです。紺地に白柄のことを紺白《こんしろ》といいます。

雪花絞りは涼やかな色目がもう夏！って感じです。

小千谷縮は麻100%です。

涼しさナンバー1！

コーマ地以外は、中に襦袢を着て足袋をはいて、夏きものとしても楽しめます。

眺めるだけでも眼福……
セミフォーマル＆フォーマルの夏きもの

夏のフォーマルに着たい絽の訪問着は持っているというだけで優越感にひたれます。
夏羽織をオン。きちんと感が出ます。
誰か夏に結婚して〜
夏のお茶席には絽の小紋や付下げに絽綴など織りの帯を合わせます。
涼やかなガラスの帯留め
秋風を感じるトンボの帯留め
絽に秋草柄の半襟
夏限定！が楽しいのです！
わくわくしちゃう〜

コーディネートが楽しい無地きもので着付けのハードルを下げる

無地のきものは 地味に着たらもったいない！
モノトーンの帯を角出しに結んでクールにかっこよく！
銀細工の帯留めもプラス！
花柄の華やかな帯をすると……
おそらくこのくらいでちょうど年相応に見えるのではないかと。
大きい格子柄の帯！
個性的になります。
勝手な想像

着付けというと、襟を合わせて紐をして帯を巻いてという手順の多さに目が行きがちです。が、コーディネートの迷いというのも、わたしの周辺調査では、「きものは面倒くさい！」という心理的負担を与えているようです。

よろしい。だったら、コーディネートがすいすい進む無地や無地感のきものをお召しなさい。

無地や細かい柄の無地感のきものは、たぶんあなたが持っている帯のどれにでも合うはず。なので、どのきものを着るかという選択をせず、どの帯と帯まわり（帯揚げ、帯締め、帯留め）にするかだけを考えればいいので、とても

スカーフ感覚で半襟を楽しむ!!
大柄の羽織は大胆で楽しい！
羽織をかえるだけで雰囲気ががらりとかわります。
黒羽織はしっとりと上品な感じに。
あったら便利！
ドン
まず1枚無地

楽なのです。きもの1枚に帯3本どころか、きもの1枚に帯多数。帯次第でフォーマル感もお遊び感も出せるし、季節感も出せます。

帯まわりだけではありません。大きい柄の羽織を合わせて華やかにしてもいいし、黒無地の羽織を合わせてしっとり落ち着いた雰囲気にするのもすてき。半襟もなんでもOK。刺しゅう半襟や服地のプリント柄、顔映りのいいビビッドなはぎれを半襟にしても、大人の女らしいスタイリッシュな雰囲気に仕上がります。

こんなに懐が深いのに決してでしゃばらず、無地（無言）で地道にいい仕事をする。これからの人生の相棒に1枚、買いです。

そしてこの相棒さえいれば、どんな帯を衝動買いしたって大丈夫。備えあれば憂いなし。あれ、違う？

暖かめコーデ・9~11月

無地の単衣の紬に暖かい秋色の帯を組み合わせて。寒くなってきたら外出時はコートやショールを羽織れば大丈夫。 米沢織の真綿紬(季織苑工房)、草履(菱屋カレンブロッソ)

ぶどうの帯留めの出番は秋の日だけじゃなく、ワイン好きのアピールにもどうぞ!

涼しげコーデ・3〜6月

帯留めは桜にもポピーにも見える銀細工もの。横糸に和紙を使った涼しげな帯にマッチ。

白地の帯を組み合わせると一気に軽やかになります。暑い日は季節を問わず麻の長襦袢がお勧め。涼しさが違います。 紬、草履(38ページと同じ)。名古屋帯(季織苑工房)

ファッションとして当たり前のことは、きものでも当たり前にします

新ルール
着たいときにすぐ着る！
体調に合わせてきものを選ぶ
快適♡
レッツきもの！
3月だけど天気と体調を考えて単衣!!
ブレスレットなど小物も自由に楽しく！
きものはファッション
髪型だって自由よ！
どう？ウィッグなの!!
きれいに見える努力を惜しまない！
ぐっ
派手な色だって着こなしてみせる♡

新しいきもののルールを作っていくのは、ＤＣブランドブームや女子大生ブームを創ってバブルを享受した華やかな先輩諸氏と、社会に出たら祭りが終わって就職氷河期を甘受した堅実なわたし世代のコンビだと思っています。

15年前、安くて着やすい木綿のきものを普段着にするきものライフの本を書いたわたし。以来、きくちいまといえば普段きもの。若輩ながらきものの普及に貢献させていただいている自負があります。

その一方で、木綿を着た珍獣を見るような目でわたしに一瞥をくれる〈正絹第一主義〉の業界関係者及びきものおばさまも、ごそっと

きものを着ている人を見かけたら、ほほ笑み合う
アラ あの人すてき！
わたしのほうがすてき！
「きもの＝特別」ではないということを知る
いつものスーパーに木綿のきものでお買い物 ラララ〜ン
ほめられたら謙遜せずに「ありがとう」
ありがとう
安かったけど あえて言わない ガマンガマン
どこにだって着ていける！と心得る
食べたいものを食べる!!
行きたいところへ行く!!

います。

けれども現在、きもの界の玄関先には高級呉服以外に、〈ヴィンテージ、リサイクル、ポリきもの、あります〉ののぼりもふつうにはためいていて、ずいぶん風通しがよくなってきています。

着たいときに着る。洋服用のバッグや小物も組み合わせる。暑い日は暑いなりに着る。寒い日はきちんと着込む。便利なものは取り入れる。

そういう、ファッションとしては当たり前のことを、わたしたちはやり続けているのです。

そんなわたしたちの次なるキーワードは、うまく年を重ねるということ。アンチエイジング、大事です。お任せください。40代からの似合うきものの選びのポイントは肌映り。洋服と同じです。

ライフスタイル別 わたしの3枚

①
嫁入りのときに持ってきた色無地（袷）
地方在住の主婦Rさん。冠婚葬祭は役割としてきものを着たい。でもたまにはどこかで自分らしく楽しみたい。
春の行事にふさわしいやさしい色の訪問着（袷）で、やさしいお母さんらしく。
②
③
子どもの行事「夕涼み会」に着ていくゆかたは、半衿と足袋をつければ夏きものにもなる綿絽。

きものとして着るときは名古屋帯。

身内の不幸のときの黒紋付（袷）
①
十三回忌などの法事や知人の葬儀に、寒色系の江戸小紋。（袷）
※一つ紋付き
帯をかえればお茶席やお祝い事にも。
②
子育てまっさかりで、今後数年は学校や幼稚園の行事が続くN美さん。

同窓会やクラス会に無地の紬（袷）
③
姑からもらった小紋を長羽織にしてオン！嫁としての評価もアップ。

え？半幅帯だから寝坊したのかって？
まさか!!
今日は半幅気分だったの。
ひ〜
バレてら〜
超特急
いつもの結び方「桃乙女」にした半幅帯
特急
縞や格子などお太鼓の柄を気にせず済む名古屋帯
通常
ポイント柄のお太鼓の名古屋帯

いま流
きもの365日

寝坊したときはこれ！特急＆超特急コース用の帯

わたしの頭の中には常に、間違いなく似合う、あるいは評判がよかったテッパンコーデというものがあります。これはわたしを三割増し美人に見せてくれるだけでなく、窮地から救ってくれる心強い相棒です。

うっかり寝坊したりして時間がないときは、このテッパンコーデの出番。わたしはコーデのうち帯だけを〈特急コース用の帯〉に変更します。前やお太鼓に出る柄を気にしている暇はありませんから、無地や縞、もしくは通し柄の帯が活躍します。さらに大寝坊などの場合は、〈超特急コース〉ということでチャッチャと結べる半幅帯に変更します。

自分史上最悪な寝坊をしてしまったときのわたしの最短準備時間は、目が覚めて飛び起きてきものを着て家を出るまでに15分。帯揚げの始末と足袋を履くのは駅に向かう車の中の信号待ち、化粧は新幹線に乗ってから、というかなりの荒技でした。

羽織を着て帯を隠すという時短のワザも使います。だから他人の羽織姿を見たときに「寝坊かな？」と勝手に想像して、仲間意識が……あ、寝坊じゃない？　失礼しました。

2章

収納問題

きものを過保護にしない

タンスの肥やしはストレスの元
着ないきものを手放して身軽になる

いつか誰かが欲しがるかも、っていうけど「いつか」っていつ？「誰か」って誰？
あえて言う！
タンスに入れておいても、新しくなるわけでも色柄が落ち着くわけでもないですよー
グサッ
グサッ
新しい主に可愛がってもらったほうが きものだって幸せなはず！
もしもしきもの買取サービスやってましたよね!?
きものいらない？
もしもし？

「洋服と違ってきものは捨てられなくて」という嘆きをよく聞きます。やっぱり日本人のDNAにはきものが組み込まれているんだなとうれしく思う一方で、わたしのタンスも着ないまま放置されているきものたちで肥えまくっています。肥やし化したきものが、静かにわたしの心を圧迫しているのです。

高かったけれど、ときめきを失ったきもの。サイズが合わないプレタきもの。縁ある方からいただいた好みじゃない柄のきもの。「いいものよ」ともったいぶってくれたわりには粗悪なものにしか見えず、取りあえず持っているきもの。

タンスの肥やしは人それぞれで

しょうが、〈捨てる〉って難しい。

でも、私は考え方を変えてみました。わたしには不要のきものを、欲しいと思っている人がどこかにいるはずなのです。捨てるんじゃなく、譲ればいいんです。きものには日本人の絆を引き受ける力が宿っていると思ってください。

譲り方はさまざま。きものを着始めた人にあげるもよし、専門の業者に買い取ってもらうもよし。

洋服暮らしの中で、最低1年に1回の虫干しが苦にならず、最低1年に1回袖を通せる枚数を目安に、思い切ってタンスの肥やしを整理してみましょう。

20年前のものが似合わなくなったように、たぶん20年後も似合うものは変わっています。手元に残す基準は、今の自分に似合うきもの、これです。

タンスも心も、すっきり！きもの断捨離やってみました。

タンスから全部出して積み重ね、本格的に!!
空ダンボール箱を用意して、「娘にあげる」「知人にあげる」「下取りに出す」等に分けます。

捨てるのではなく誰かに活用してもらう、と考えればすいすいと減らせます。さあ、じゃんじゃん行きますよ！

着て道端に立っていたら、襟元に郵便物を差し込まれるんじゃないかってくらい赤い道行、サヨウナラ。もらいものの大島紬はアンサンブル。今どき、きものと羽織をセットにして着るのはちょっとダサいので、羽織はまずいらない。きものだけを残そうと思ったけれど、この蛇っぽい柄の大島、着るかしら？　鏡の前で羽織ったら、今にも脱皮しそうな感じに見えたのでサヨウナラ。

親戚がくれた鮮やかなブルーの付下げ。初釜に着たら、息子に「わあ、お母さん、サバみたいだ」とほめられ、夫には「売れない演歌歌手みたいだ」とほめられたっけな。サヨウナラ。

1年に1枚の勢いで作っていたゆかたも大量に出てきました。ゆかたに伊達締めで寝たら、いけるか？　と気の迷いが生じましたが、いけないいけない。3枚に減らして、残りはサヨウナラ。

ただし、これらは捨てました。ボロボロのたとう紙。もらったものの一度も使っていない昭和のセンスの帯締めや色あせた帯揚げ、使い込んで芯がふにゃふにゃになった帯板、無駄に増えた帯枕、虫喰いのモスリンの腰紐。

ああ、すっきり。余裕のあるタンスは風通しもよくなり、物を探すのもラクです。

捨てたもの ただし ほんの一部

母の代からのたとう紙。湿気を吸ってボロボロ。カビの温床にもなるので迷わず捨て！

絞りの帯揚げは変色＆退色＆色移りで残念な見た目です。

ギラギラしてかたい三分紐のようなもの。かたすぎて結べないし帯留めも入らない。

乙女カラーの帯枕もよれよれ経年劣化。

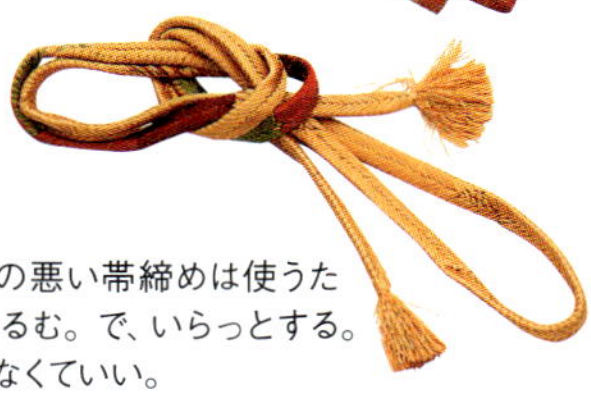

締まりの悪い帯締めは使うたびにゆるむ。で、いらっとする。いっそなくていい。

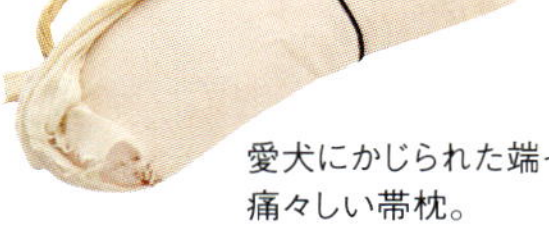

愛犬にかじられた端っこが痛々しい帯枕。

わたしが断捨離したきものたち
知人にあげる箱
小紋の反物
わたしには地味すぎた紬
このきもの・お母さん着ない？
これけっこう高かったのよー
あっわたしも言ってる!!
静電気体質のわたしにはツライポリのきものとポリの帯
ワンピースに作りかえようかな
娘にあげる箱
前幅がせまい半幅帯
捨てるにはしのびないアンティークの長羽織
赤地に白い梅の柄の小紋
大きい矢羽根柄の夏物
わあ♡
まだ小2

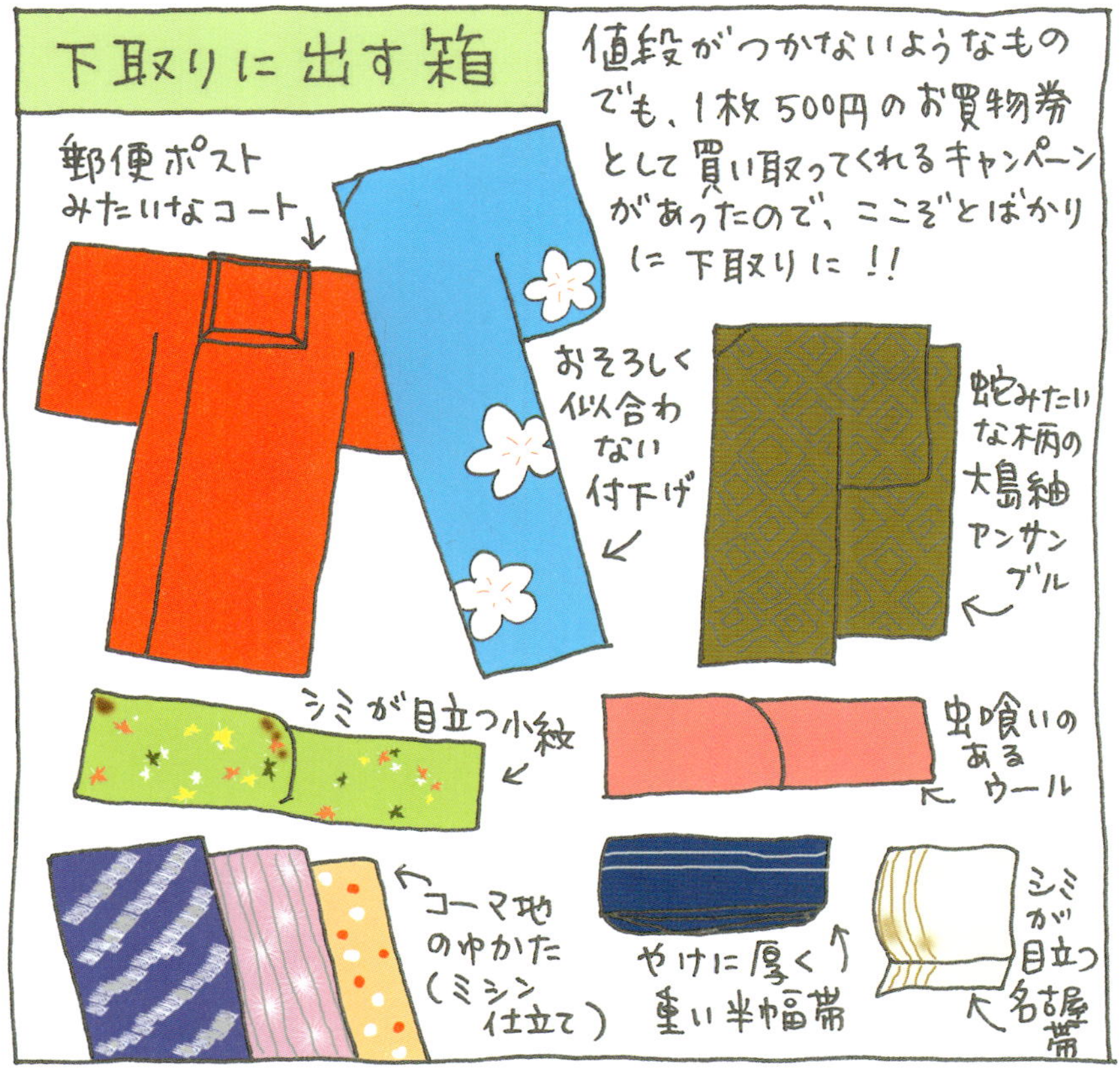

下取りに出す箱
値段がつかないようなものでも、1枚500円のお買物券として買い取ってくれるキャンペーンがあったので、ここぞとばかりに下取りに!!
郵便ポストみたいなコート
おそろしく似合わない付下げ
蛇みたいな柄の大島紬アンサンブル
シミが目立つ小紋
虫喰いのあるウール
コーマ地のゆかた(ミシン仕立て)
やけに厚く重い半幅帯
シミが目立つ名古屋帯

は〜〜スッキリした!!
えっ今?
いまちゃんなら着てくれると思って〜
ドン

きものの収納を面倒くさくしない正しいたたみ方とズボラなしまい方

本書巻末ページを参考にしてください。ていねいに、を心がけて。
ここのY字
袷・小紋
わたしはたとう紙1枚にきもの2～3枚をまとめて入れています。
洋服のすぐ隣りにきものがある！という状態にしています。
←きもの友達のクローゼット

きものの収納は大層なことではありません。面倒くさいことはしない、手抜き大好き・ズボラーなわたしができるのだから安心してください。収納のキモは正しいたたみ方とズボラなしまい方です。

まずたたみ方。後ろ襟と背中心でできるY字の線がぴしっと出るようにたたむこと。このY字がきちんとしていると着姿に清潔感が出ます。正しくたたんでしまえば、重ねてタンスにしまうだけでアイロンいらず。きものの重さで圧がかかってアイロンと同じ効果があるからです。アイロンは出すのも片づけるのも面倒くさいわたしには、大変ありがたいです。

しまい方は、とにかく面倒なく出し入れできるところにしまうこと。これが一番。押入れの天袋など、あり得ません。　タンスは防湿性・気密性・防虫性すべてに優れた桐のタンスがお勧めですが、裏を返せば、防湿対策をきちんとすれば、洋服用の整理タンスでもプラケースでも、なんだっていいんです。きものの数と部屋のスペースに応じてください。似合うきもの3枚と帯数本、小物を、整理タンスの引き出し1段分にコンパクトに収納している友人もいます。これ以上、きものを増やさないという歯止めにもなっているみたい。

長襦袢はハンガー掛けにするのも楽ちん。ワンピースやジャケットの間に長襦袢。きものを着る回数が絶対増えると思います。

収納不全にならないための お下がりきもの対策

きもので暮らしていると、多方面からきものを頂戴する機会が増えます。「うちには娘がいないからもらってくれない？」と和裁教室でお下がりをいただいたり、姑に段ボールごと預けてくださったり。ありがたい限りです。が、わたしは勇気を出して、きもの同志に伝えます。題して、あなたを幸せにするお下がりきものと、不幸にするお下がりきものの見分け方。

幸せにするきもの

・持ち主の思い出を共有できる。
・なんといっても自分に似合う。
・サイズや柄が合わなくても、お直しのイメージが浮かぶ。
・自分では買えない高価なきもの。
・保存状態がよく、持ち主のきもの愛が感じられる。
・持ち主に自分が愛されている。

不幸にするきもの

・サイズが小さい。
・カビやシミを発見。
・全体的に古ぼけて劣化している。
・合う帯がない。
・「これ高かったのよ」という持ち主の呪縛つき。
・持ち主のことが好きじゃない。

ふだんは物欲なくシンプルに暮らしているはずの人が、狂喜乱舞してお下がりをもらいまくり、やがて収納不全に陥っている不幸を、わたしは何度も見ています。背中のきもののスイッチの誤作動にはくれぐれもご用心ください。

お直しをして
幸せに着る

小紋からコート&バッグ

小紋だと気恥ずかしいピンクでも
コートにしたら愛おしい!
洗い張り8,000円、
仕立て22,000円/呉服のたなか
バッグ 製作40,000円/月之

黒羽織から名古屋帯

母が嫁入りのときに持参した黒羽織が
娘の名古屋帯に。
洗い張り9,000円、
仕立て18,000円(芯入り)~/
青山ゑり華(青山ゑり華お客様私物)

木綿のきものから上っぱり

動きやすくてきものにも洋服にも似合います。
洗い張り9,000円、仕立て15,000円/
青山ゑり華(青山ゑり華スタッフ私物)

脱いだそのあとも簡単
洋服用のハンガーでさくっと干す

きものを脱いだあとはハンガーにかけて吊るし、風を通してからタンスにしまうのがセオリーです。

とはいえわたしの場合、またすぐ朝が来たら同じものを着るわけですので、ハンガーはさくっと吊るせる洋服用のハンガーだったりします。コートやジャケット用の肩の部分に厚みがあるものだと安定感があり重宝しています。

これは長襦袢でも同じです。余裕があれば腰紐や伊達締めをたたみますが、大抵ハンガーにぶら下げて終了。もちろん洗濯したりアイロンをかけたりなんてしません。

ちなみに洋服ハンガーは、小千谷縮やかためのお召など張りのあ

針金ハンガーだと
←ポコッと跡がついてしまいます。
肩のところにしっかり厚みがあるタイプがおすすめ。
はさむ部分がついていれば、帯枕をはさんで干すこともできます。
暑い日には大切！
肩のラインがきれいに！
裏ワザです

るきものを着るときも便利。前の晩から洋服ハンガーに吊るしておくと、肩が自然に落ちてきれいななで肩ラインになってくれます。

きもの用のハンガーを使う場合は、長さがたっぷりあるものをお勧めします。いろいろ市販されていますが、買うときは長さのチェックも忘れずに。短いものだと干すときに袖が折れて、変なシワがついてしまいます。

ホテルに泊まった場合、クローゼットにきものを掛けると裾が床についてしまうし、室内にはハンガーのフックを引っかける出っ張りもありません。わたしはバストイレのドアを思いっきり開けて、ドア上端部にハンガーのフックを引っかけて吊るしています。

きものは簡単が一番。過保護にしなくても大丈夫です。

きものは洗濯機で洗える時代
三種の神器があれば手間なし失敗知らず

　世間一般的には、花火大会や夏祭りが終わったあとは、ゆかたが大量にクリーニング店に持ち込まれるようです。が、クリーニング代もお店に行く手間ももったいないと思うわたしは、アライグマ並みに、けっこうなんでも自宅の洗濯機で洗っています。

　そう、今やきものは洗濯ネットに入れて洗濯機で洗う時代。わたしが使う三種の神器があれば、洋服感覚で洗えて失敗知らずです。

三種のアライグマ神器

①〈くるくるザブザブ〉とわたしが勝手に名付けた洗濯ネット

②途中で袖が折れない長さがあるプラスチックのきものハンガー

③漂白剤が入っていない洗剤

三種の神器で日常的に洗っているきものは、コーマ地のゆかたや絞りのゆかた、綿絽や絹木綿のきもの、小千谷縮や近江縮などの麻や麻混のきもの。ポリのきものは袷も洗います。

小千谷縮を洗濯機で洗うのは、織元さんも推奨しています。夏ならば、一日着て夜に洗えば脱水しなくても、ハンガーに干していたら朝まで乾きます。ちなみにわたしは夏の出張には〈くるくるザブザブ〉を持ち込み、コインランドリーで洗います。ただし、これは宿泊するホテルのハンガーがプラスチック製の場合です。木製だと干すとき色落ちするのでNG。

アライグマのわたしですが、さすがに神器のハンガーまでは持ち歩くことはしませんのでね。

カビくさい女にならないためにきものも年1回は健康診断を！

カビのお話をしましょう。
「防虫剤を入れてあるから大丈夫」「桐ダンスに入れてあるから大丈夫」。そう思っている方、まず防虫剤はカビ防止になりません。カビは虫ではなく菌です。根を張っていくのであっという間に増えます。そして現代の日本の家屋はサッシ窓で気密性が高く、結露によりカビが発生しやすくなっています。「カビ？　見たことない」という環境に恵まれた方も、この先はわかりませんよ。カビの実態を知っておきましょう。

・**初期**
きものの表面に白い粉をふいたようになります。表面をきもの用

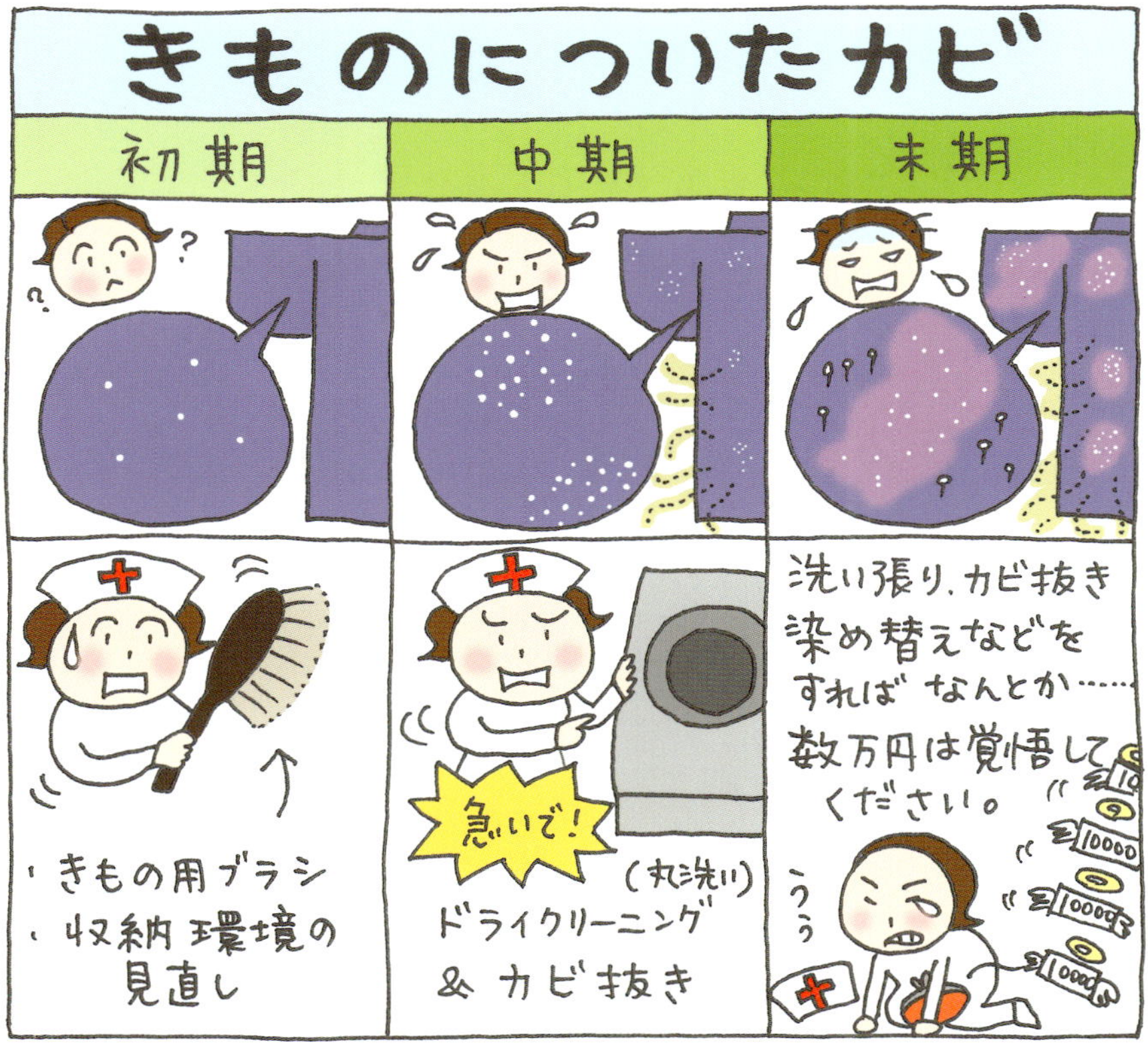
きものについたカビ
初期
中期
末期
・きもの用ブラシ
・収納環境の見直し
急いで！
（丸洗い）
ドライクリーニング
& カビ抜き
洗い張り、カビ抜き
染め替えなどを
すればなんとか……
数万円は覚悟して
ください。
うう

のブラシで払い、乾燥させれば大丈夫。ただし払ってもカビの根は残っているので、防湿と除湿対策を強化してください。

・中期

一目見てカビだとわかるほど、広範囲に白い粉が広がり、カビ特有の臭いがある状態です。丸洗い（ドライクリーニング）をしたあとにカビ抜きをします。

・末期

カビ臭さがあり、変色した状態です。修復にはかなりの費用が掛かります。カビはタンス内でも転移するので、すぐに他のきものも取り出してチェックしてください。

各種健康診断が年中行事化しているわたしたちのように、きものも最低1年に1回は健康診断をして風を通してください。カビくさい女になってはいけません。

たとう紙を今すぐチェック！
きものをカビから守る防湿対策

大切なきものを
カビから守る ベスト3
1 和紙でできた
Aランクの
たとう紙
2 きもの用乾燥剤
「きものの友」(除湿シート)
きものの友
引き出しの
下に敷いて
使います。
3 薄手の木綿の
風呂敷
和紙のたとう紙
と同じ働きを
してくれます。
Mさんの
場合
プラケース
+ 和紙のたとう紙
+ 除湿シート
Kさんの
場合
水とり
洋服ダンス
+ ウコンの風呂敷
+ タンク型除湿剤
Eさんの
場合
スチールラック
+ 遮光カーテン
+ 和紙のたとう紙

5月にしまった袷の紬が、まさか11月までのたった半年で迂闊にもカビが生えてしまうなんて思いもしませんでした。大きな原因はたとう紙。皆さん、たとう紙は紙質によってランクがあるんです。

Aランクは和紙。靭皮《じんぴ》繊維が主原料の和紙は呼吸しているので、湿気を排出してくれます。和紙であれば高価な手漉きである必要はなく、機械漉きのもので十分です。

Bランクは洋紙原料を混合した和紙。洋紙原料の木質繊維は湿気を含んだら逃がせません。和紙原料が排出した湿気を、洋紙原料がまた吸い込むので、Aランクほどの効果は期待できません。

Cランクは洋紙です。湿気を含んで逃がせない。つまりカビを呼ぶということ。

皆さんが使っているたとう紙は何ランクですか？　AとCは手触りでわかると思いますが、微妙なのはB。不安だったらAランクのたとう紙に買い替えるか（1枚600円くらいが目安）、木綿の風呂敷をたとう紙代わりにするのもお勧め。これに防湿剤や除湿シートを併用すれば、さらに安心です。

洋紙といえば、あるお店から仕立てあがったきものが宅配便で送られてきたとき、「シワ防止のために身頃や袖、襟に白い紙がはさんでありますが、洋紙なのですぐに外してください」と念を押されたこともありました。

お肌は保湿、きものは防湿。ぬかりなくお願いします。

まわりが
遠近法で争っており、
ふり返ると誰も
いない。とか。
?
キャー
キャー
ズザザザザ
やせる努力
よりも、
やせて見える努力
を惜しまない。
それがわたし
2015年
初釜
にて
な…
なんて
こと…

いま流
きもの365日

きもの写真の掟 やせて見えるポージング

きものを着て立ち姿の写真撮影のときは、半身になると身幅が細く写るという法則があることは知っていました。

でも、正座をして撮るときは、この法則が逆になることを先日の初釜で身を以て体験いたしました。正座して半身になると、どういうわけかデン！　と存在感が増して肉厚に見えてしまうのです。プリントされた写真には、正面に構えた、わたしよりずっとふくよかなはずのお茶の先生（伯母）が、わたしよりやせて写っていました。ズルイ。

出た下腹は補整をおはしょりで隠していますが、さらに両手をさりげなく下腹の前で組んでぽっこりを隠しましょうか。

さらに肩甲骨を背中の中心に寄せてから両肩を下げるようにし、お尻に1万円札をはさんだイメージで肛門にきゅっと力を入れます。こうすれば猫背にもならず下腹も引っ込むとか。

「はーい、撮りますよ〜」の掛け声が掛かったら、お尻に1万円札。それから、目はぎりぎりまで閉じていて、撮る瞬間に開けると目が大きく見えるそうです。でもタイミングを誤ると半目の状態になります。ご注意を。

3章

お金問題

似合うきものでコスパを上げる

お金をかける贅沢とは違う贅沢がある　今の自分に似合うきものを着る

今日は洋服
明日はきもの
あさっては洋服
洋服ときどききもの、でいいんです。
「気軽に楽しめる」という喜びを知っているのも「贅沢」です！
満足の内容も人それぞれ！
今日はあの人と会える！
今日はすっごくいいもの着てる!!
今日はおばあちゃんからもらったきもの着てる！

きものを愛してやまないわたしですが、きものの値段ほど節操のないものはないと思っています。正札があり、正札8割引きの特価品があり、「今なら○円にしますよ」という揺さぶり価格もあります。同じきものなのにお店によって値段がずいぶん違うこともあります。糸を作る人がいて、織る人がいて、売る人がいて、という基本的な構造は変わらないはずなのに。いいものは高い、そしていいものが不当に高くなりやすいというのも、呉服業界の現実なのです。

この〈いいもの〉をばんばん勧められるのが、わたしたち世代。「大人の女性はいいものを」って

ね。それから「安いきものはこの年じゃ恥ずかしい？」という人知れず不安があるのもわたしたち。

皆さん、〈洋服ときどき、きもの〉というおいしいスタイルを楽しむためには、洋服ほど勘が働かないきものなのだから、値段の高い安いに縛られないでください。

お金をかける贅沢とは違う視点の贅沢があることを、大人のわたしたちは経験しています。だから洋服暮らしの日々に着るきものは、自分に似合うことが一番大切。お気に入りの洋服が平凡に見えるくらい似合う色や柄のきものは、値段に関係なくあなたを幸せにしてくれます。そして本書の着付け指導をした着付け師・立川さんは言っています。

「美しい着姿は着付け次第。きもの値段は関係ありません」

きものはわたしの人生に寄り添う衣服 だからこんなきものを選びます

赤札突撃!!
ドドドドド
あきらかに売れ残り
5割引
SALE
限定1本
「限定」に弱い!!
色柄より値段!!
いつか着るかも!!
昔のわたしのバカバカ
若い頃は質より量!だったからなァ
夫
焼肉も同じだよ
無駄な計算
あのとき無駄な買い物しなかったら、いくら手元に…

後輩から「最近きものっていいなと思っていたら、このリサイクルのきものを見つけました。買うべきか迷っているので相談にのってください」ときものの写メ付きでメッセージが来ました。後輩にとって最初の1枚なのか、何枚か持っているならば色柄や種類がかぶっていないか、サイズが合っているか、生地の状態はどうか、などを聞き出し、「わたしだったら買わないな」とお返事しました。写メの小さな画像のきものが彼女に似合うかどうか、そのきものに彼女がときめいているかどうかまでは想像できませんでしたので、「それでも夢に出てくるくらいだった

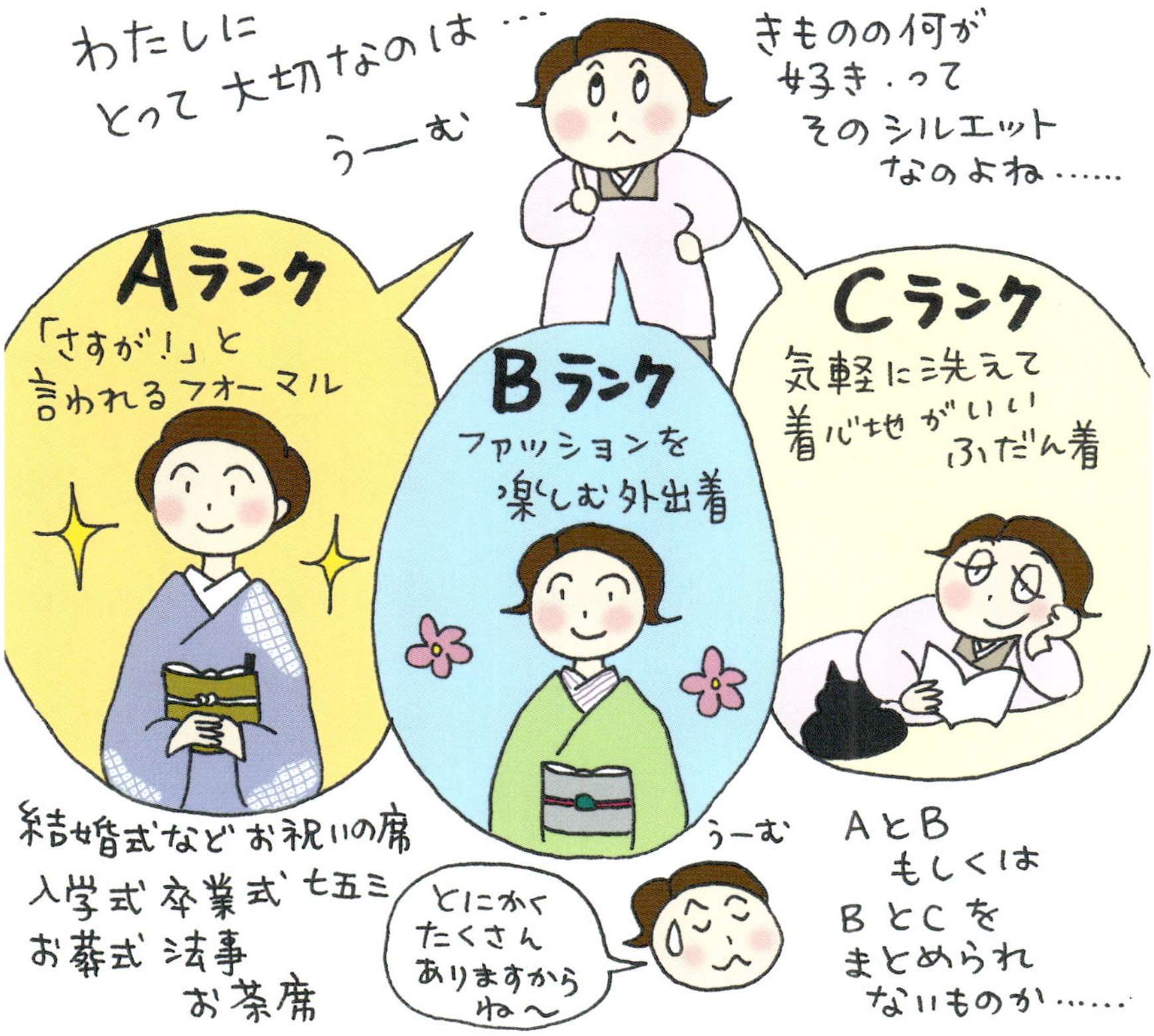
わたしにとって大切なのは…
うーむ
きものの何が好き.って そのシルエットなのよね……
Aランク
「さすが!」と言われるフォーマル
Bランク
ファッションを楽しむ外出着
Cランク
気軽に洗えて着心地がいいふだん着
結婚式などお祝いの席
入学式 卒業式 七五三
お葬式 法事
お茶席
うーむ
とにかくたくさんありますからね〜
AとBもしくはBとCをまとめられないものか……

ら買ったほうがいいよ」と付け加えましたが……。

わたしも大人になりました。かつて赤札興奮症候群だった時代は、ただ安いからという理由だけで赤札商品に飛びついて、着ることもなくむだにきものや帯を増やしていたりしました。

25歳から毎日着物を着続けて四十路を越えた今思うのは、きものはわたしの人生に寄り添う衣服だということ。

わたしの人生にとって大切なのは家族と暮らす日々、妻でも母でもないわたしがいること、大事な人たちに礼節を尽くす、この3つです。だから、わたしが選ぶ3枚のきものは、ふだん着とお出かけ着とフォーマル各1枚になります。

さて、どんなきものを選ぶかは次ページで!

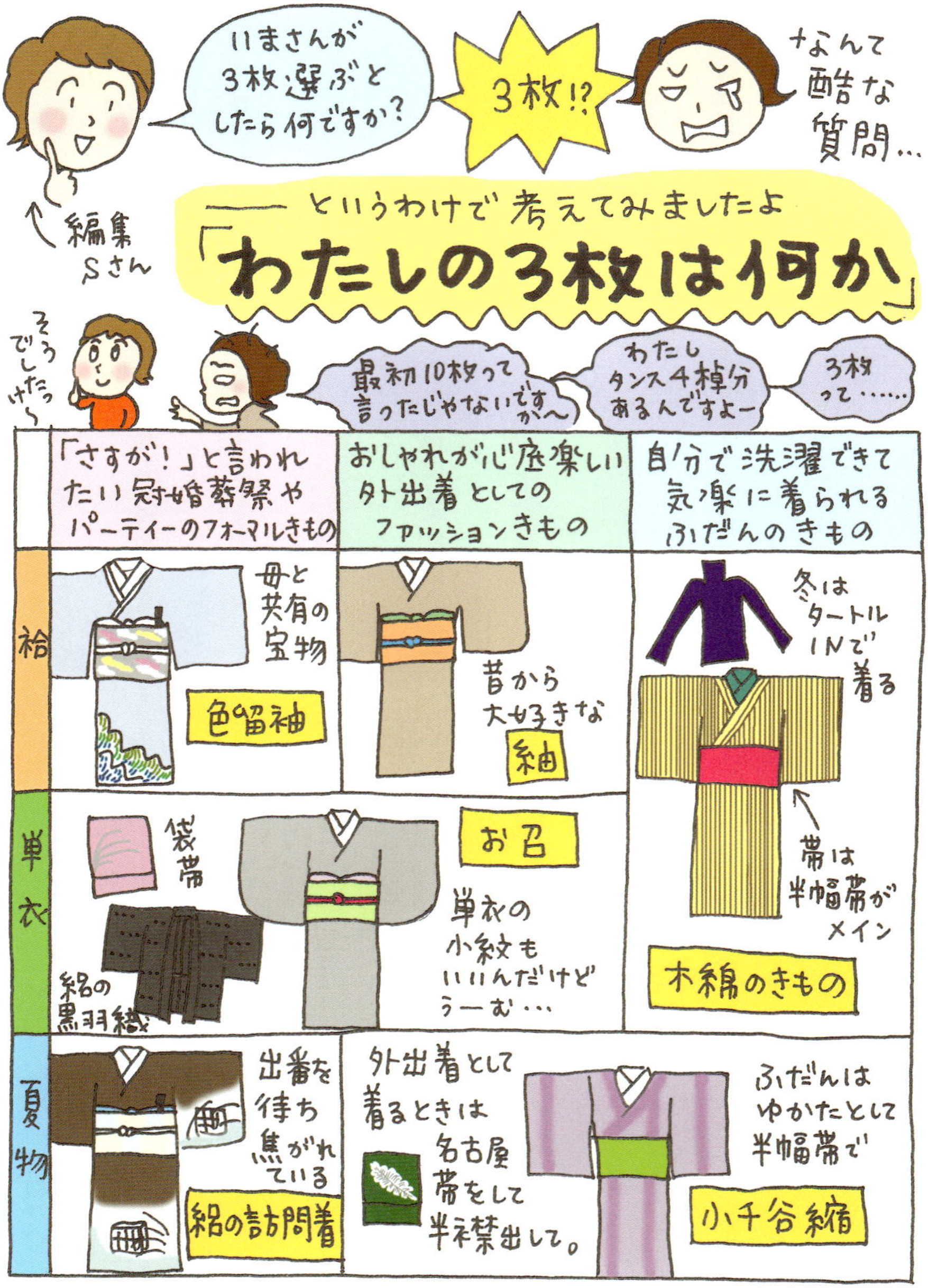

いまさんが3枚選ぶとしたら何ですか？
3枚!?
なんて酷な質問…
編集Sさん
――というわけで考えてみましたよ
「わたしの3枚は何か」
そうでしたっけ～
最初10枚って言ったじゃないですか～
わたしタンス4棹分あるんですよー
3枚って……
「さすが！」と言われたい冠婚葬祭やパーティーのフォーマルきもの
おしゃれが心底楽しい外出着としてのファッションきもの
自分で洗濯できて気楽に着られるふだんのきもの
袷
母と共有の宝物
色留袖
昔から大好きな
紬
冬はタートルINで着る
帯は半幅帯がメイン
木綿のきもの
単衣
袋帯
絽の黒羽織
お召
単衣の小紋もいいんだけどうーむ…
夏物
出番を待ち焦がれている
絽の訪問着
外出着として着るときは名古屋帯をして半衿出して。
ふだんはゆかたとして半幅帯で
小千谷縮

着心地がよくて自分で洗えて、寒い冬はタートルネックも着られちゃう「木綿のきもの」は外せない〜〜〜!!
よーしラーメン行くぞ
オーッ
夏は小千谷縮がないと死ぬ!
木綿のきものは「ゆかた」と「それ以外」に分けられます。
わっ
デニム
弓浜絣
出羽木綿
片貝木綿
三河木綿
伊勢木綿
がんばりましたが限界です……
しかも袷と絽!! 6月と9月には死ぬなって言っとかにゃ!
身内に不幸があったら黒紋付じゃないか!!
そっか紬を単衣にして数を減らすという手もあるよね……
ゴロンゴロン
おつかれさま〜
ですよね〜
3枚なんてムリです……
結婚式は欠席して…??
303シリーズは4マス分だし……
←右の表を何度も作り直す

冠婚葬祭オールマイティー「1枚あれば便利」な色無地の真骨頂!

結婚式に参列するとき
盛る
盛らないと仲居さんになっちゃう!
フルメイク
刺しゅうの半襟
伊達襟
豪華な袋帯
末広（飾りの扇子）
一つ紋
柄の細かい江戸小紋も色無地に含まれます。
入学・卒業式に参列するとき
黒い紋付きの羽織をONしても。
袋帯を合わせます。
遊びに行くとき
プリント半襟
羽織で紋をかくす

呉服屋さんが「1枚あれば便利ですよ」の決め台詞とともにお客さんの年齢・容姿を問わず薦めるアイテム、それが色無地。20代独身の頃に、「何歳になっても着られます」と太鼓判を押された人もいれば、30代新婚の頃に、着付け教室の講師に「これから着る機会が増えるわよ」としつこく押されて購入した人もいるでしょう。

　色無地、あなたはお持ちですか？　そして今まで、便利を実感するほど着倒してきましたか？

　お待たせしました。色無地は人生の中間管理職となった今こそ、出番です。背中に一つ紋が入っていないなら、今すぐ入れて略礼装

「お見送りのきもの」のすすめ
持っているきものを組み合わせたら喪の装いができるかも!
ある日のわたしのきもの
色無地
半幅帯
日中は会議と打ち合わせ
華やかな羽織
一つ紋の黒羽織
夕方からは友人のお父様のお通夜
黒い喪の帯
白い半襟
黒い喪の帯＋黒い帯締め＋黒い帯揚げ
黒い一つ紋付きの羽織は、無地感のお召しや地味なきものの上から羽織っただけで略喪の装いになるので便利です。
ホラこういうときにも使えます!
白い足袋
黒い草履
地域によって小物の組み合わせが変わることもあります。

に格上げしましょう。

子どもの学校行事や入学式卒業式では上品で控えめな母に。結婚式では華やかな刺しゅう半襟や伊達襟、重厚感のある袋帯で徹底的に盛りましょう。

さらに女も40歳を過ぎると、結婚式よりも知人や仕事関係者のお葬式のほうが多くなり、親戚の法事も7回忌、13回忌クラスになってきます。グレーや寒色系の色無地は黒い喪の帯を組み合わせると略喪服になり、故人に礼節を尽くしたお別れができます。

日本人の正装はきものです。どんな高価なブランドものでも洋装のブラックフォーマルは、きものの礼節には及びません。洋服で流行のおしゃれを楽しみ、冠婚葬祭はきもので礼節を尽くす。人生の中間管理職は、こうでなくちゃ!

お金で買えないものをきものに託す
お守りきもので厄除け、心願成就！

元気がないときは「麻の葉」から
パワーをもらいます。
今日はしんどいなァ…
こういうときに自然と手が伸びるのがこの帯留め
わたしの本名が「衣麻」で麻という字が入っているので「麻の葉柄」をお守りにしているのです。
わたしの魔除けです。
ずっといいことが続いていきますようにという願いをこめて、つながっていく柄で縁起かつぎ。
七宝つなぎ
青海波
魔除けといえば鱗。
吊るし雛の一番下についている三角も、
この三角も魔除けなんですよ。

40歳オーバー組が女子会をすると、共通の話題は老化や病気、出来の悪い子どもや部下、おバカな上司、親や姑舅の介護……など、降りかかる困難や困惑をどうするかがメインです。

健康や運はお金で買えないという先人の教えが、とてもリアルに感じられるお年頃。お金で買えないならば、着は心。伝統文様のきものを着て元気を出さなくちゃ！

たとえば鱗《うろこ》柄のきもの。鱗は三角の集合体、三角そのものに魔除けの意味があります。そして鱗はぽろぽろと剥がれるところから厄が落ちるといわれ、昔から厄年の人は鱗柄のものを身に付けるとよ

いとされてきました。さらにわたし的な解釈をプラスすると、鱗のある生き物はバックできません。つまり前進あるのみ！　というわけです。

他にもきくちいま的解釈の吉祥文様はたくさんあります。

魚が荒波を力強く泳ぐ荒磯柄は「荒波を乗り越えて」、長寿を願う常緑の松柄は「変わらない気持ち」、2本つながったままの松葉柄は「ずっと仲よくしていこう」。子どもの成長を願う竹柄は「節目節目を大切に」。

嫁ぐ娘に出戻らないように願ったといわれる矢絣は、晩婚の現代は仕事のスキルアップのために「目標に向かってまっすぐ」。

日本の伝統文様のきものをお守りにして、人生の後半戦の一歩をまっすぐ力強く。さあご一緒に。

きものを着るシーズンを延ばす きものワードロープにコートを投入すべし！

「きもの用コート」といってもさまざま！
洋服用としても着られるコートもあります。（真冬用）
道中着
正統派な道行
マント風コート（真冬用）
わたしのイチ押しは道中着タイプ！

似合うきものが3枚揃ったら、きもののコスパを上げるために、ぜひコートを手に入れていただきたいです。コートがあれば冬のお出かけが可能になり、1年の中できもののオフシーズンが激減します。きものを1枚増やすより、コートを投入して手持ちのきものの稼働シーズンを延ばすわけです。

実はわたし、若い頃からきもののコートが苦手でした。せっかくのコーディネートを覆ってしまうようで。真っ赤な道行コートしか持っていなかったのも原因だったと思います。わたしに似合わない色だし、四角い襟ぐりがどうにも割烹着にしか見えない。とてもじ

ゃないけど着たいとは思えず、できる限り、大判のショールやマフラーで乗り切っていました。

ところが年を重ねるに従って、コートの必要性がわかってきました。わたしの場合、奮発して買った帯を汚したくないのです（そうか、それまではどうでもいい帯をしていたということか）。

四十にして惑わず。どうせ着るなら防寒や汚れ防止だけじゃなく、脱ぎたくないくらいすてきなコートがいいですね。

そうそう、羽織やきものをコートに作り替えてみるのも楽しいですよ。羽織には返しといって内側に折り込んだ部分が多いので、丈が長めのコートができます。着ないきものや時代遅れの丈の短い羽織があったら、お気に入りのコートを手に入れるチャンスです。

長襦袢は大嘘つき！
大人の女のきものにはばれない嘘が必要

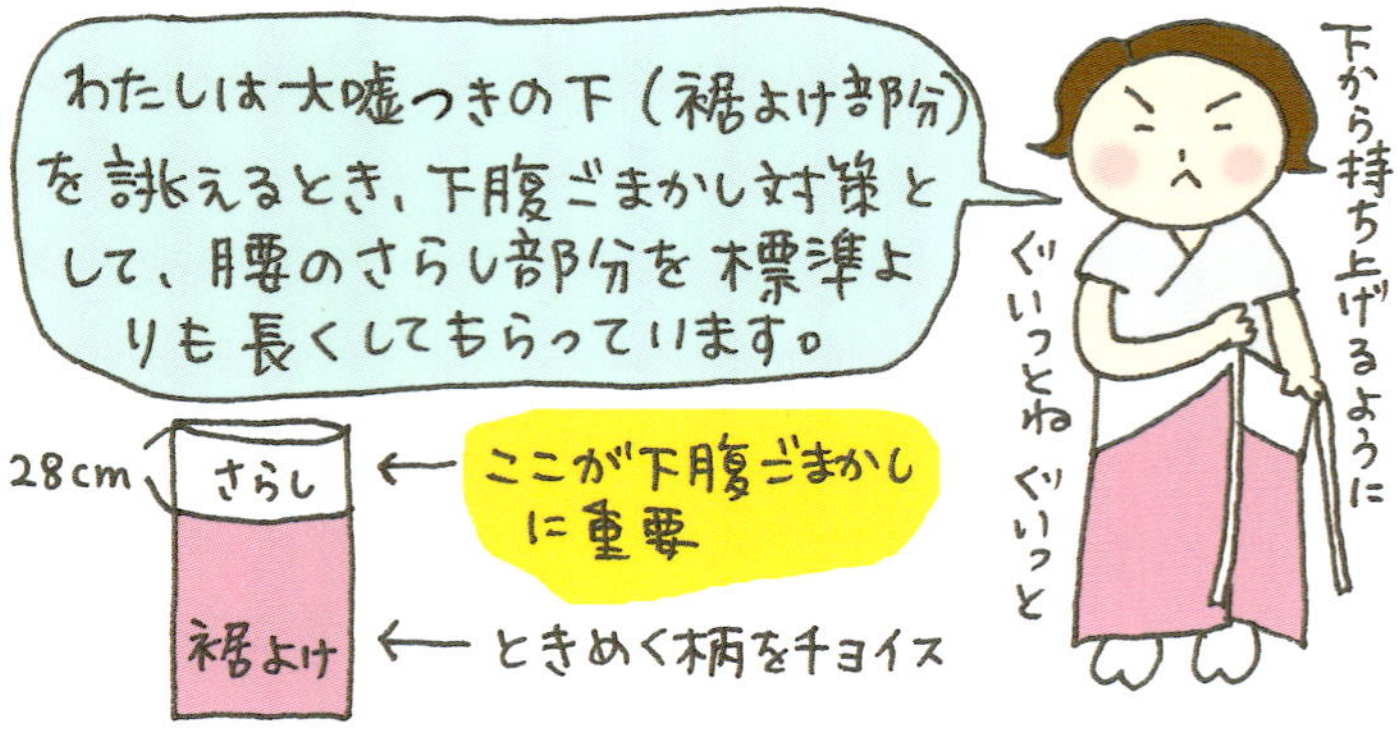
わたしは大嘘つきの下（裾よけ部分）を誂えるとき、下腹ごまかし対策として、腰のさらし部分を標準よりも長くしてもらっています。
28cm
さらし
ここが下腹ごまかしに重要
裾よけ
ときめく柄をチョイス
下から持ち上げるように
ぐいっとね ぐいっと

きものを常日頃から着るようになってから、わたしは嘘が多い女になりました。何かっていったら襦袢のお話です。

きものを着るときは長襦袢を着るものと思い込んでいませんか？　わたしは気合が入ったドフォーマルのきものを着るとき以外は、ほとんど長襦袢は着ません。

きものを着始めた頃は、半襦袢と裾除けに分かれた二部式長襦袢ばかり着ていました。半襦袢は身頃、裾除けは腰布の部分がさらしになっていて、袖や裾だけ正絹やポリエステルです。この半襦袢を通称〈嘘つき〉といいます。きものを着ると袖口や裾がちら見えしても、まるで長襦袢にしか見えません。ポリエステルのものだと5千円以下で手に入ります。

きもの生活のスタートからすでに小嘘を覚えたわたしは現在、襦袢のほとんどが〈大嘘つき〉になっています。これは〈嘘つき〉が進化したもので、袖が取り外せるタイプ。きものの袖に合わせて数種類の替え袖を作れば、長襦袢を何枚も揃える必要はありません。身頃は6千円～1万円、替え袖は仕立て代が2500円～というのが一般的な相場だと思います。

手持ちの長襦袢を和裁士さんに持ち込んで、〈大嘘つき〉や〈嘘つき〉に仕立て直してもらうのも手です。使い勝手がいいので着る回数が増えて元は取れるはず。

今日からあなたも嘘が似合う大人の仲間入りです。

その名も“大嘘つき”

身頃は着心地がいい白無地のさらし（綿100％）。
仕立て身頃9,000円（半襟は参考商品）、袖（半無双） 2,500円、
袖地（1尺） 600円～／青山ゑり華

【 替え袖を外したところ 】

袖を外して洗えます。仕立てはオーダーメイド。サイズがわからない人のためにS、M、Lの規格サイズもあり。

【 袖と身頃の装着部分 】

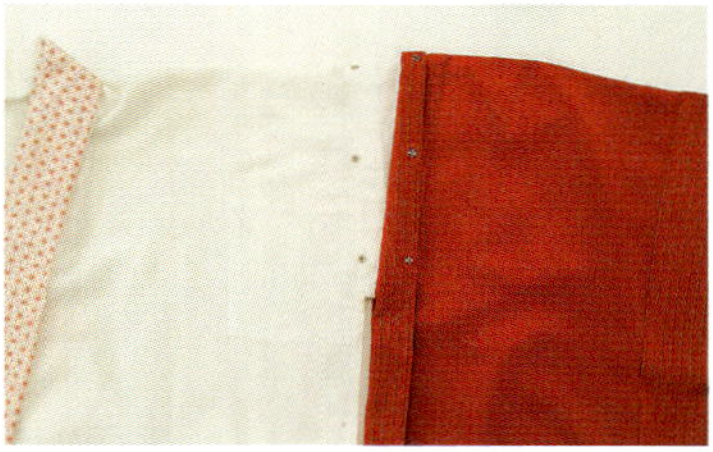

袖の脱着はスナップボタンなので楽ちん！
袖の仕立ては用尺が少ない半無双がお勧め。

替え袖も工夫がいっぱい

【 外側 】

【 内側 】

袖口から見える内側を、襦袢地の表にして作っています。

【 外側 】

【 内側 】

襦袢地を2枚使って外側と内側を変えたもの。こだわりが楽しい。

お気に入りのリサイクルショップで大人買いするなら、これ！

たくさん買うのが大人買いではなく
堂々と買うのが大人買い！
これください。カードで。
はい！ありがとうございます！
リサイクルポイント1
試着をためらわない！
しまった老眼……
ケータイやスマホの写真では実物がわかりにくいので、現物持参が一番！
どうせなら帯と合わせてチェック！

リサイクルきもの（以下リサイクル）は安いので手軽だし、仕立てあがっているのですぐに着られて便利です。リサイクルなんてよくない、と頭ごなしに否定する方もいますが、この十数年できものの敷居を下げてくれたのは、盛装中心の呉服屋さんではなく、リサイクルショップだと思います。

紬や小紋だったら1万5千円出せば、まあまあ程度のいいきものが手に入ります。帯はきものほどサイズが変わらないので、いいものは常に早いもの勝ち。安いものなら千円の帯だってあります。帯探しのときはきものを持参すること。「たぶん合うはず」と曖昧なま

寸法にこだわりすぎない！
リサイクルポイント3
狙い目は帯！
リサイクルポイント2
帯はきものより融通がきくので早い者勝ち！
長さの目安は「ウエストの5.5倍」です。
ふだん着るなら手首が思いっきり見えたってOK！
通常の裄より10cm短くても大丈夫。
腰紐の位置を下の方にするだけで丈に5cm余裕ができます。
この帯の長さ測ってくれませんか？
はい！

ま買って失敗するケースがよくあります。「安い帯を探すのにきもの持参なんてずうずうしいかも」とためらうのは若い子。大人買いは堂々と。ショップ側も実物があるほうが相談に乗りやすいです。

形が変わらず、仕立て直しの知恵やワザもたくさんあるきものは長く着続けることに適った衣服です。流行がある洋服のリサイクルは〈お古〉感が否めないけれど、きものは〈代々譲り受けた〉感を漂わせてくれます。お気に入りのショップを見つけたら、「ここはわたしの実家」と思いましょう。

また、コートや羽織に仕立て直す前提できものを探している人もいます。これも大人買い。

ただし、あなたには必要ないものまで安いのがリサイクル。お買物は計画的に。大人買いですよ。

きものVS洋服
長持ちするのは圧倒的にきもの

長羽織や
コートに
仕立て直し
染め直し
最終的には
洋服や
小物に
作り直しも
できる
七五三の
お祝い着に
仕立て直し
帯に仕立て
直し

きもの一式すべて揃っているわたしに、棚から5万円が降りてきたら、どうすると思いますか?

答えは、お気に入りのきものを可能な限りマイサイズに仕立て直す! プレタきものは丈が長すぎるし、若い頃に仕立てたものは幅が足りない。ヘビロテの紬は裾がすり切れてきています。

わたしがこうした手持ちのきものお直しをお願いするのは、プロの和裁士さん。京都にある藤工房さんというところで、予算に応じたお直しプランを出してくれます。裄出しや丈詰めなどサイズありきのお直しだけでなく、「なんだかとっても着づらいんですけど」

答えは次ページに!
明治生まれのおばあちゃんのきものが今もこうして…
洋服だったらこうはいかないよね
うーん
どうにかして着られないかなあ
きものの命は長い!
よしよし
わあ♡おばあちゃんが残してくれた結城紬、大事にしようっと!
清水の舞台の上にスカイツリーを建てて飛び降りた結城紬はもうずーっと着る!!!
こうなるといいな～
わたしの孫

という曖昧な相談にも丁寧に取り組んでくれて、吸いつくようにぴったりのきものになってわたしの元に帰ってきました。

洋服に比べて圧倒的にきものが優れているのは、きものは長持ちという点です。毎日同じものを着続けたら、先にへたるのは洋服でしょう。長持ちして、解いたら1枚の布に戻るきものだから、いろんなお直しができるわけです。

色が派手になったら染め変える。着なくなったきものを羽織やコート、帯に。思い出のきものを子どもの七五三のきものに。サイズが小さい祖母のきものは2枚使って片身合わせや切り嵌めのきものに。

和裁士さんに限らず、呉服屋さんもきもの再生のアイデアが豊富。どちらも節約に弱い大人きもの女子の味方です。

娘の四つ身とわたしの名古屋帯

赤札と柄の可愛さに飛びついてタンスに寝かせること1年。ようやく娘の入学式の四つ身とわたしの帯になりました。
四つ身と帯の仕立て代0円／自分で縫ったので

娘とわたしの春コーデ

桜の下で母娘ペアの記念撮影。わたしは結城紬の無地を着て、娘には袴と羽織を合わせました。

小紋と羽織のいいとこ取り羽織

いただきものの古い小紋と母の古い羽織の傷んでいないところを使って羽織に。 着ないきものが1枚減りました! 洗い張りと仕立て直しで3万ちょっと。

黒紋付きで黒羽織

姑の知り合いの方からいただいた黒紋付き。喪のきものは一式揃っているので黒羽織に仕立て直しました。 洗い張りと仕立てで4万弱に羽裏代が1万円。

無地感のきものの上から羽織れば、お別れのセレモニーにも行けます。

長襦袢を丸染めで女っぽく

after

before

20代に作った長襦袢は清純カラーの淡いベビーピンク。

きものを解かずに染め加工を行う丸染めで大人の成熟カラーの紫に変身。丸染めは染色後の仕立て代が不要なのでリーズナブルに染め替えができます。
丸染め20,000円／
青山ゑり華(青山ゑり華スタッフ私物)

派手なコートも丸染め

若いときに作った派手な色が似合わなくなったので丸染めでシックに。
丸染め30,000円／
青山ゑり華(青山ゑり華お客様私物)

派手すぎて まぶしい…
形は好きなのにな……
寸法もぴったりだし……

胴つぎで身丈をのばす

おはしょりで隠れる胴の位置にきものと
似た生地を足し布して、身丈を伸ばします。
胴つぎ6,000円／
青山ゑり華（青山ゑり華スタッフ私物）

ひ〜〜
胴つぎバンザイ！
おはしょりって大事！
と気づきます。
おはしょりがあると
下腹ぽっこりが
目立ちにくいのです。
Before → After

足し布をして裄出し

袖口と袖つけの部分に足し布をして裄を出します。足し布の生地と長襦袢の色合わせがセンスの見せどころ。
裄出し5,000円（編集者私物）

仕立て直しの実例①

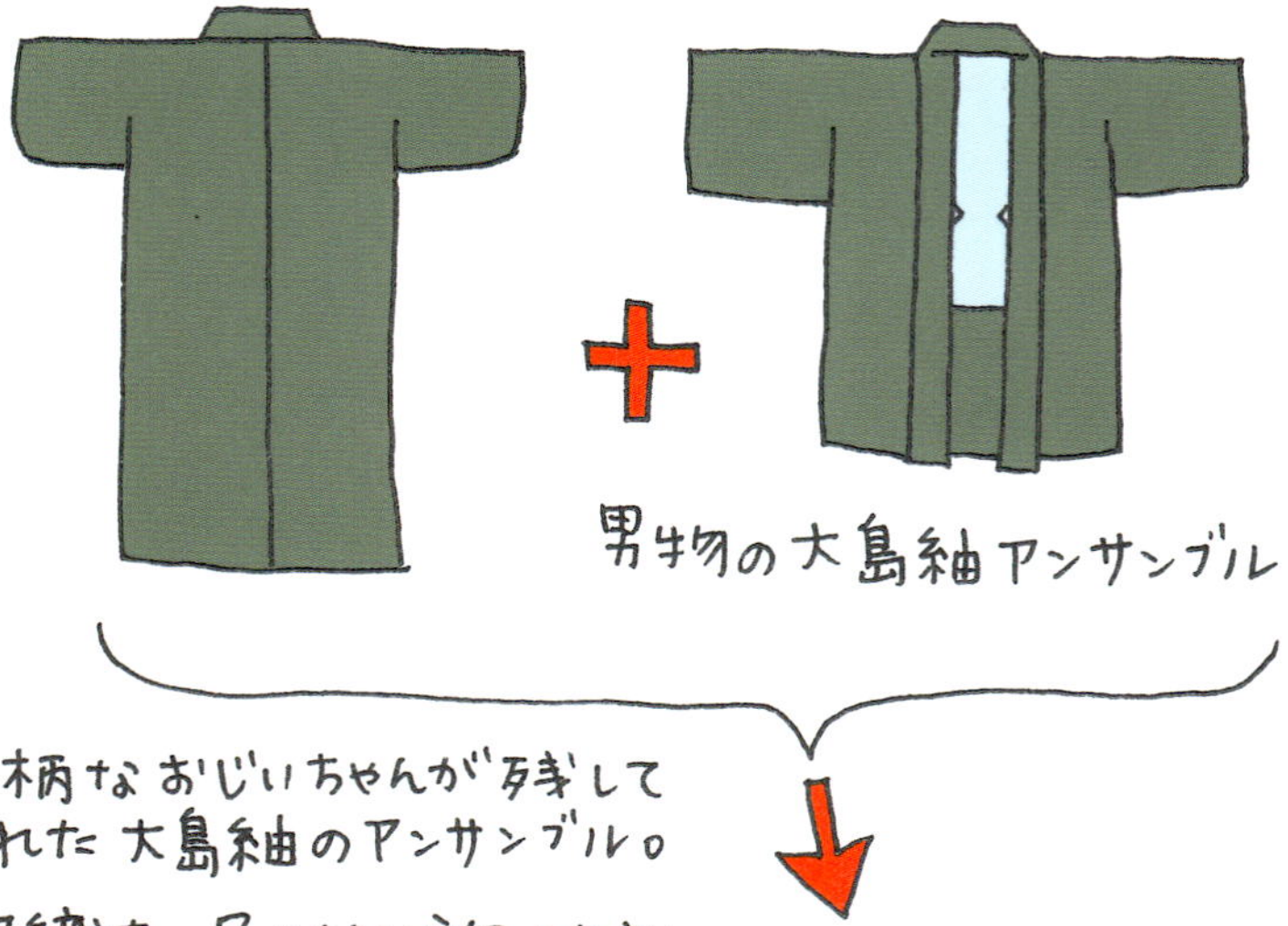
男物の大島紬アンサンブル

小柄なおじいちゃんが残してくれた大島紬のアンサンブル。

羽織を、足りない裄のために用いて、1枚のきものに仕立て直します。

おじいちゃん！大切にするね♥
男物にする場合と女物にする場合で、胴つぎにする位置が変わります。
布を足した部分
解いて洗い張り 8000円×2枚
袖、身頃につきはぎをして仕立て代 33,000円（裏地代・別）

仕立て直し／仕立の店藤工房

仕立て直しの実例②

昔お嫁に来たときに持ってきたきものなのよ。
おばあちゃんありがとう!

生地と地紋を生かして四つ身に仕立て直します。

きものを解いて洗い張り 10,000円
色抜き加工 7,600円
(きもの、八掛)
1色ぼかし染め代 50,000円
本裁ち四つ身仕立て代 40,000円
(裏地代、別)

仕立て直しの実例③

華やかな小紋を長襦袢に仕立て直します。

きものを解いて洗い張り 10,000円

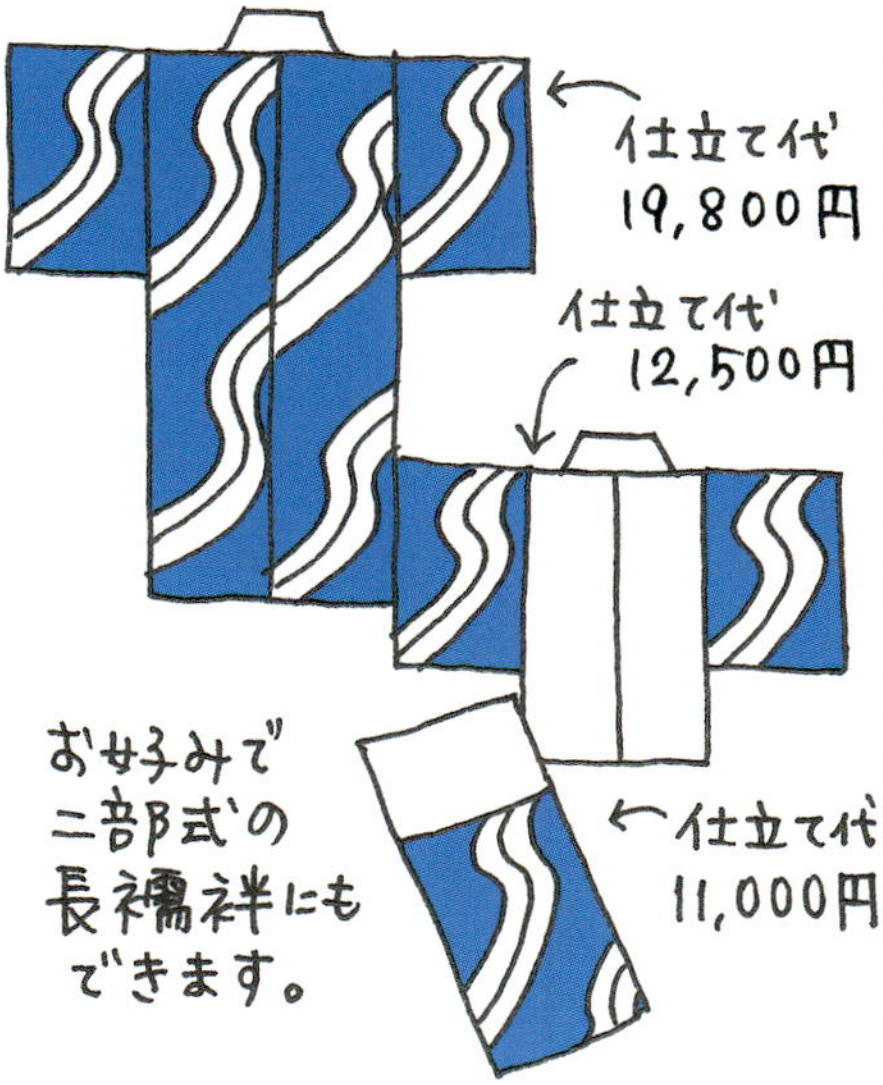

仕立て代 19,800円
仕立て代 12,500円
仕立て代 11,000円

お好みで二部式の長襦袢にもできます。

仕立て直し／青山えり華

仕立て直しの実例④

同じ生地質（紬同士、小紋同士）2枚を使って

裄問題を解決した1枚にしました。
（裄が足りない）

襟と袖口を濃い色にして汚れを目立たなく工夫してみました。
洗い張り 10,000円×2枚
仕立て代 54,600円
（裏地代・別）

仕立て直し／青山えり華

仕立て直しの実例⑤

同じ生地質（紬同士・小紋同士）2枚を使って
丈問題と裾問題を解決!!
（長さが足りない）（裾が切れて傷んでいる）
市松柄がすてきでしょ♡
洗い張り 10,000円×2枚
仕立て代 63,000円
（裏地代・別）

仕立て直し／青山えり華

成人式までカウントダウンが始まったお年頃の娘がいる皆さんへ

わたしだったら「振袖フルセット」についてくる草履バッグセットはいらない!!
NO!
白いふわふわのショールも不要!あんなの1日しか使いません
いずれ訪問着にも使えるようなすてきなものを単品で買ったほうが、結果お得。
祝儀袋がきちんと入るサイズ!
もっとおしゃれで汎用性の高いショールやケープがなんぼでもある!!

成人式の振袖はレンタルのほうがお得だと思っている人が多いのはとても残念なことです。そしてレンタル代が、着付け小物から撮影代からなんでも込み込みとはいえ、軽く20万を超えるのがザラというのも信じがたいことです。

20万出すなら買えるって!

実は振袖そのものは意外に高くないのです。もちろん高い振袖は限りなく高いけれど、1年落ちを狙えばぐっと安いし、リサイクルの振袖も多く出ています。一式すべてを新品にするのではなく、ウエディングのときのサムシングオールドのように、帯はママ帯で。成人式に付きものの白いショール

振袖は成人式以外にもたくさん着られます。
わたしは元を取るどころかおつりが札束のレベルです！
シンプルな紺の袴と組み合わせて、清楚に。
謝恩会
友人や親戚の結婚式
初詣
仕事始め
初釜
パーティ
結納
お色直し
あとでね。
振袖から色無地に変身〜!!
色無地で振袖という手もある!!
小紋2反
個性的で、とっても楽しい振袖になります！

はたいしてあったかくもないしおしゃれじゃないので不要。どうせ成人式でしか使いません。

振袖は成人式しか着ないからというお母さん。だったら色無地を2反使って振袖を作るという方法もあります。派手な柄の振袖が多い中、無地の振袖は潔く、いい意味で目立ちます。背中に一つ紋をつければ、将来袖を切って色無地として着ることもできます。それこそ一生モノ。色無地ではなく大きい柄の小紋を2反使って振袖にするのもおしゃれです。

今の振袖の流行りがわからないからというお母さん。流行りに乗ったら、愛娘の晴れ姿が他のみんなと区別がつかないという残念な事態になってしまいます。

似合う振袖を母娘でじっくり探す時間こそ宝ですよ！

呉服業界の皆々様へ きくちいまより公開質問状です

きものの入り口は広く、浅く!!
Welcome!
まず楽しむ人を増やさなかったら、きもの好きなんて育ちませんよ!?
きくちいまが考えるきものピラミッド
どっぷり
ちょっとヤバイ楽しすぎる…
新発見！へえ〜〜
きものって!? 楽しいかも!?
似合うって言われた！
嬉しい〜〜
ゆかたでビアガーデン

本書を読んでくれているかもしれない呉服屋さんへ質問です。

わたしたちがきものを着たいと思ったとき、何がハードルになっているか知っていますか？

わたしたちに勧めるきものシーンは結婚式、お茶会、歌舞伎以外にいくつ浮かびますか？

きものルールを都合よくセールストークにしていませんか？

わたしたちはリサイクルきもの、ポリきもの、お下がりきものをひっくるめて〈きもの〉だと思っていることを知っていますか？

わたしたちのリアルな天秤は、きものAかきものBかではなくて、きものか洋服かということが

ピンときますか？

　同じきものなのに、取り扱う店によって値段がずいぶん違うというのは、買う立場からすると大問題ということが理解できますか？「呉服業界の作る階段は急なんだよなあ。1段めをあがった人に、次の階段がいきなり目の高さ、みたいな状態。驚いて諦めちゃうよ」というわたしの呟き、意味が伝わりますか？

　きものが日常着ではなくなった現代、暮らしに役立つきものの知識や扱い方を教えられる人はそうそう身近にいません。呉服屋さんは何を教えてくれますか？

　きものを着ようと決めたとき、四十の乙女心がどんなにワクワクするか知っていますか？

　答えはすべて本書の中に、ぎゅっと詰まっています。

いま流 きもの365日

どこでも行くわよ！ 今日はボーリング

きもので行っちゃいけない場所なんてありません。若かった頃は、きものイコールおしとやかと決めつけられ、「いまちゃん、今日きものだからボーリングはやめとこう」と言われたのが悔しくて、チャレンジ精神で行ったのが最初でした。

やってできないことはない！ 今日は子ども会の行事でボーリングです。コーデはデニムのきものに鱗柄の半幅帯。だって、鱗ってスペアのマークに似てるでしょ?!

足袋の上からボーリングシューズを履くので、ワンサイズ大きいものを借りますよ。係のお兄さんが「きもので？ マジすか？」と言うので、「これデニムなの。洗濯機で洗えるのよ」って教えてあげました。びっくりした顔してたわ。しめしめ。

正直言ってボーリングは下手。スコアが年齢を越したら、次は体重を越すことを目標にするレベルです。「わぁ、あの人きものだよ」なんてささやかれてる。ああ。それでもめげずに一投！ ばんばんストライクになるようだったら目立つ甲斐もあるのにな。そうだ次回は、きもの仲間でボーリング大会やろう。

特別付録
1

40代からの美しい着付け

着付け指導・立川直子

美しい着姿

ぴたっと着て、ゆったり見せる

中年体型をカバーして美しく若々しく！

40歳からの着姿は若々しさを引き出す清潔感がポイント。太めさんもほっそりさんも体の線にぴたっと密着させて着たほうが着姿が締まり、体型カバーもできます。

襟元

左右の半襟の幅が同じ。体と布地の間に浮きがなく、からだにぴたっと沿っている。

胸まわり

シワやたるみがなく押さえられて、胸が帯に乗っていない。両脇にたるみがない。

おはしょり

長さは人差し指1本分が目安。もこもこせず体にぴたっと沿っている。下線は右上がりのままでもOK。

裾線

裾丈が短すぎない。上前の衽線が右足のくすり指の上にあり、そこから右上がりの裾つぼまりになる。

帯山

帯枕が背中にぴたっと密着していて、きれいなアーチが描かれている。

背中心

背中の中心にありウエストまで一直線になっている。ウエストから下は中心にこなくてもOK。

衣紋

後ろ襟を握りこぶし一つ分7〜8㎝ほど引き下げて襟足を見せる。

帯の位置

前帯はちょっと下がり気味にして胸元にゆったり感を出す。

お太鼓の位置

前帯より帯山が上にある。帯締めがての幅の真ん中を通っている。

たれ

長さは、人差し指1本分が目安。たれ先がお尻の一番高いところにくる。

残念な着姿

〝ゆったり〟と〝だらしない〟は大違い

あちこちがたるみっぱなし！

着姿全体に出るたるみは着物が体の線に沿っていないことが原因。だらしなく老けた印象を与えます。上品な大人の着姿はゆったり着てもたるみなし！　心がけましょう。

脇

脇の下がたるんで見苦しい。伊達締めの位置が低いとこのようにたるむ。

帯揚げ

若い女性のようにたっぷり出しすぎ。帯から2cm程度見えるのが上品。

おはしょり

上前と下前のおはしょりがきちんと重なっていないため、だぶついている。

裾線

右上がりのカーブがきついため裾線が短くなり、下前が見えている。

お太鼓

帯山が角ばっていて締まりがなく、全体が右下がり。お太鼓の下線が斜めになっている。

背中

伊達締めを結んだあとのシワやたるみが目立つ。

たれの下線

ラインが斜めになっているため両端の位置が違う。

帯から下

裾つぼまりになっていないため、お尻が大きく見える。

お太鼓

位置が低く形が小さい。お太鼓の中がぐずついているため厚みが出すぎ。

下前

左脇への巻きつけが弱いためたるみが出て、お尻のラインがくっきり。

襟

同じ着物でも襟合わせ次第で違う雰囲気に！

襟合わせで自分らしさを引き出す

少し多めに半襟を出した襟合わせ

半襟の白さが顔映りをよくし、大人の女らしい柔らかな印象に。

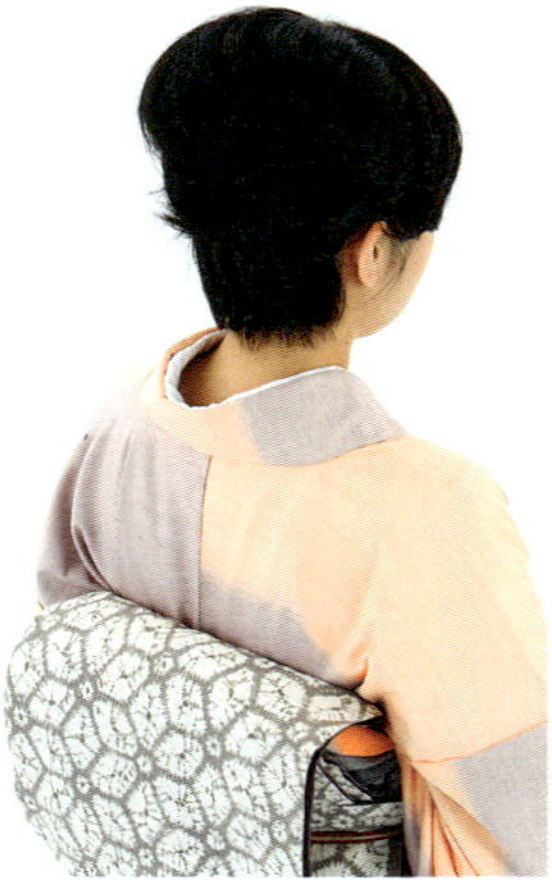

衣紋は握りこぶし一つ分抜く

長襦袢と着物の襟は耳の下で揃える。太めの人はちょっと多めに抜いて。

襟は寝かせて首まわりをゆったりと

肩山から耳の下に向かって自然なカーブになるように襟を寝かせる。

襟合わせバリエーション

襟合わせは半襟の見せ方や着物の襟の角度によって、同じ着物でもいろんな女性モードを演出できます。しっくり似合う襟合わせを見つけましょう。

粋

半襟の出し方を少なめにしてきりっとシャープに。

詰まって見える襟元が、清潔で知的な大人の雰囲気を作り出す。

艶

半襟をたっぷり見せてゆったり色っぽく

半襟はのどのくぼみの下あたりで合わせ、着物の襟も角度を浅く合わせる。

5000円札の樋口一葉の半襟の出しっぷり！
参考になります
おお
刺しゅうやプリントの半襟のときはたっぷり見せるように。
夏物やお茶席のときはすっきりとシャープに。

下前

すっきりやせて見せるには〝巻き込み〟が大事

左上がりの裾つぼまりにする

襟先を左の腰に巻き込んで引っぱる

右手で襟先を巻き込んだらぎゅっと引っぱり、襟先が動かないようにする。

下前の襟先を引っぱることで自然に褄先が上がり、裾つぼまりになる。

上前の襟先は腰の位置で持ち、腕をまっすぐ伸ばして後ろ身頃を腰に当てる。

上前

◆右手と左手の連携プレーが決め手

右上がりの美しいラインを作る

右手で上前をロック
左手で襟先を持ち上げる

腰骨の位置で上前を右手で押さえながら、左手で襟先を少し持ち上げる。

腰紐を結んで整えたところ。右上がりの美しいラインで下半身もすっきり見える。

脇線を斜め内側まで引き寄せて、下前もきっちりと裾つぼまりをキープ。

シワ たるみ

着物のシワやたるみをなくして脱・中年体型！

サッとひと撫で、ピシッと引く

脇のたるみ

垂れ乳に見えるので絶対NG。伊達締めを押さえておはしょりの左右の脇の縫い目を下に引く。

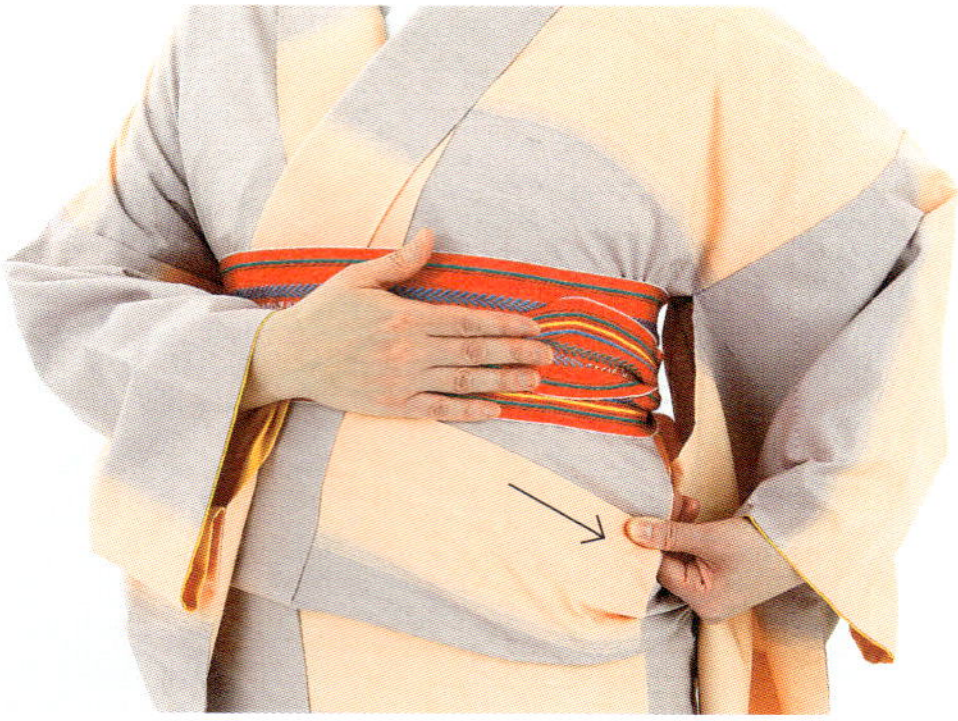

おはしょりのシワ

下腹が悪目立ち。手のひらで布目の方向を整えるように撫でて、おはしょりの中の空気を抜く。

襟元のたるみ

たるんだ襟元はだらしなく老け感が出る。襟先の先端を斜め下に引き下ろし、右横に引く。

衣紋

こまめに抜き直して着崩れ防止

着ているとどんどん詰まってくるものです

着物の襟は座ったり前かがみになったりしているとゆるんでくるものです。
食事のときなどはトイレに行くたびにチェックを忘れずに。

1 正面の襟が体にぴったりくっつくまで長襦袢の背中心を引く。

2 背中心の左右2ヵ所を引き、衣紋の抜き具合を安定させる。

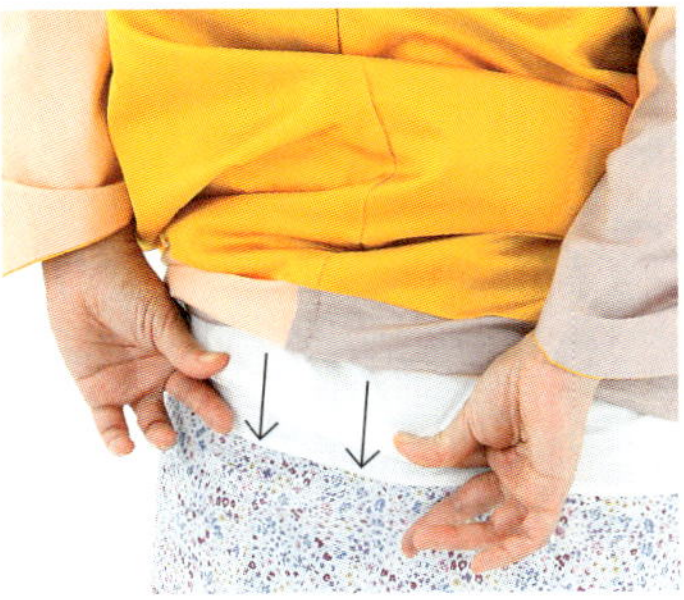

トイレに行くたびに直して、1日中きれいな襟元をキープ!!
きゃっ、と前の襟が吸いついてくるような感じになります。

◆プロの着付け師さんに聞く素朴なギモン

きものの着付けQ&A

回答者
すみれ堂
立川直子さん

着付け学院の着付け講師、呉服店勤務を経て、2008年独立。着付け講師、着物スタイリストとして活躍中で、〈やせて見える着付け〉がアラフォー世代に大好評。

Q 着付け教室や着付け本によって着付けの手順が微妙に違うのは、なぜ？

A それは教える側に求められることが違うからです。

たとえば全国展開している着物教室の場合、着付け講師の重要ミッションは、誰が教えても全国の生徒さんが同じ着姿になること。1クラス15人の教室が300教室あるとしたら、4500人の生徒さん全員に同じ手順で着てもらわなければいけないのです。そのためにマニュアルがあり、手順はもちろん、各部の幅や長さも○センチ、○ミリと細かく規定されているものです。また簡単、確実に同じ仕上がりにするために、着付け器具の使用や結びやすい帯（つまり、教えやすい帯ということ）を指定している教室も少なくないと思います。

これに対して着付け師が個人でやっていて、生徒さんは1クラスでせいぜい一人か二人くらいという教室になると、マンツーマン指導で生徒さんの好みや体型に合った着方を教えることができます。私の知る限りでは、着付け器具も使用する帯も生徒さん希望のものという、ゆるやかな空気の教室が多いですね。ちなみに私の教室も1クラス二人の個人教室です。皆さんそれぞれ、上達度も違うし、目的も違います。まじめな人、おしゃべり好きな人など学ぶ姿勢も違うかな（笑）。ですので、教室は楽しく美しくをモットーにしています。

それから、着付け本で教える着付けの場合。これは全国展開の教室の感覚に近いと思います。全国の読者さんが文字と写真だけで疑問を持たずに、誰でも着られるようなわかりやすい着付けであること。これが着付け本の場合は大変重要ですので、やっぱり「好みの長さ（あるいは幅）で」という表現より、「○センチ、○ミリ」と具体的な標準値で指示することが多くなっているると思います。

なんであれ、ゴールは美しい着姿。着慣れてきたら細部の手順や標準値に縛られず、自分なりの着やすい着方でいいと思います。

Q 誰が着ても顔と手足しか出ない着物ですが、着付けで個性は出せますか？

A 出せます。もっというと着物は顔と手足しか出ないからこそ、着物や帯の柄に関係なく、着方にその人の個性や美意識が出せるのだと思います。

着る人の個性を引き出すために私が心がけているのは、補整を最小限にすることです。補整した体が顔立ちに違和感がないことが大事。

補整イコール茶筒型というのが当たり前になっていますが、これは着付け師が着せる場合は、茶筒型にパンパンに補整をすれば着付けが楽だからなんです。シワやたるみが出ない。よって着くずれも防止できる（着付け師が一番怖いクレームは着くずれ！）。

でも、たとえばほっそりスレンダーな人は体型をキープするために努力しているでしょうし、ふだんはスレンダーな体型が映える洋服を着ているはず。だったら着物も茶筒ボディではなく、ほっそり着る。この着方がその人の個性だと思います。

大きくて形がいい胸が自慢の人は、補整で胸を押しつぶしたりしません。機能性の高い和装ブラを使ったり、補整の位置を工夫したり（具体的にはアンダーバストに、凹凸が埋まる厚さのタオルなどを入れる）することで、胸の豊かな女っぽい雰囲気を出すことができます。さらに帯の位置を少し下のほうにすると、肩から胸、帯につながるゆったりとしたラインができて、スレンダーな人にはない、とてもすてきなポイントになると思います（私がいつもうらやましく思っている部分！）。

それから襟合わせも重要な個性ポイントです。

襟合わせのバリエーションは、ミリ単位の半襟の出し方や着物の襟の角度など、着付けのテクニックでいろいろ作れますが、必ずその人に一番似合う襟合わせというものがあるのです。そしてそれは私の経験上、その人の人生の歩みが反映されているから、不思議なもの。着物は実に奥が深いです。

エレガント、ちゃきちゃき、クール、コンサバティブ、派手、地味、ナチュラル、セクシー、ミステリアス……ｅｔｃ.。

舞台や映画で女優が着物を着る役のとき、役柄によって襟合わせを変えていますよね。これは襟元のわずかな空間に個性や美意識はもちろん、着る人の人となりや人生経験まで出せるから。襟合わせは女の人生の合わせ鏡。だから、着物は人生いろいろな40歳過ぎてからが、がぜん似合うようになるのだと思います。

本書102〜103ページの襟合わせのバリエーションでは、読者モデルの長井さんに一番似合っていたのは『艶』。撮影後、彼女といろいろアラフォー・トークをしてわかりました。な〜るほど、やっぱり『艶』が似合う人生だったのでした！

Q 着物の値段の高い安いで着付けの出来は変わりますか？

A 変わりません。お母様から譲られた年季の入った着物だろうと、ポリの着物だろうと、きちんと着付けをすればどんな着物でも美しい着姿になります。逆に、どれだけ高価な何十万円もする着物でも、本書100〜101ページのようなぐずぐずとした着付けをしたら、着物のよさも着る人のよさも、半減、いや台なしです。

ついでにもう一つ。40歳を過ぎたら、誰でも皮下脂肪がついて、ヒップもバストも大小関係なく垂れてきますね。洋服では体型カバーもできておしゃれに見えるゆったりチュニックは必須アイテムですが、着物の体型カバーは、ゆったり厳禁。お尻も下腹もぴたっと着たほうがすっきりきれいに見えます。もちろんですが、着物が高かろうが安かろうが、その効力に値段は関係ありません。

Q 着物を着ないと着方を忘れてしまいます。忘れないコツはありますか？

A 着付け師としては、毎日着てくださいと言いたいところですが、40代50代の女性の毎日は仕事や家庭に何かと忙しいですので、無理は申し上げません。

そのかわりイメージトレーニングをお勧めします。

毎日10分、時間を作って着付けの本をパラパラめくる（受験勉強ではないのでこの程度でよし）。美しい女優やモデルの着物姿が載っている本を寝る前に眺める。

着方を忘れないためというより、着物を着る楽しみを忘れないために、忙しい毎日のほんのちょっとの時間、頭の中で着物に触れておいてください。着付けの上達のコツは、手順の丸暗記より、美しい着姿を知ることですから（本書98〜99ページもオススメですよ！）。

Q 着付け師さんに着せてもらうと紐がきついのは、着崩れ防止のため？

A 違います。残念ながら、それは着付け師がへただからです。たぶん紐の当たりどころや結び目に原因があるはずです。「きつい」とはっきり訴えて、すぐに直してもらいましょう。腰紐だったら腰骨の少し上で結ぶと痛くありません。胸紐も苦しくないポイントが必ずあります。紐の結び目が硬くごろごろしていたら、これも即結び直してもらってください。紐の結び目は時間が経つにつれて着物の圧がかかってきて体に食い込み、どんどん苦しくなっていきます。

しっかり結んでいるけれど、きつくない。これが上手な着付け師の結び方です。

特別付録
2

お役立ち着物うんちく

女性の着物(袷)の各部の名称

独特な名称がある着物の基本的な部位です。

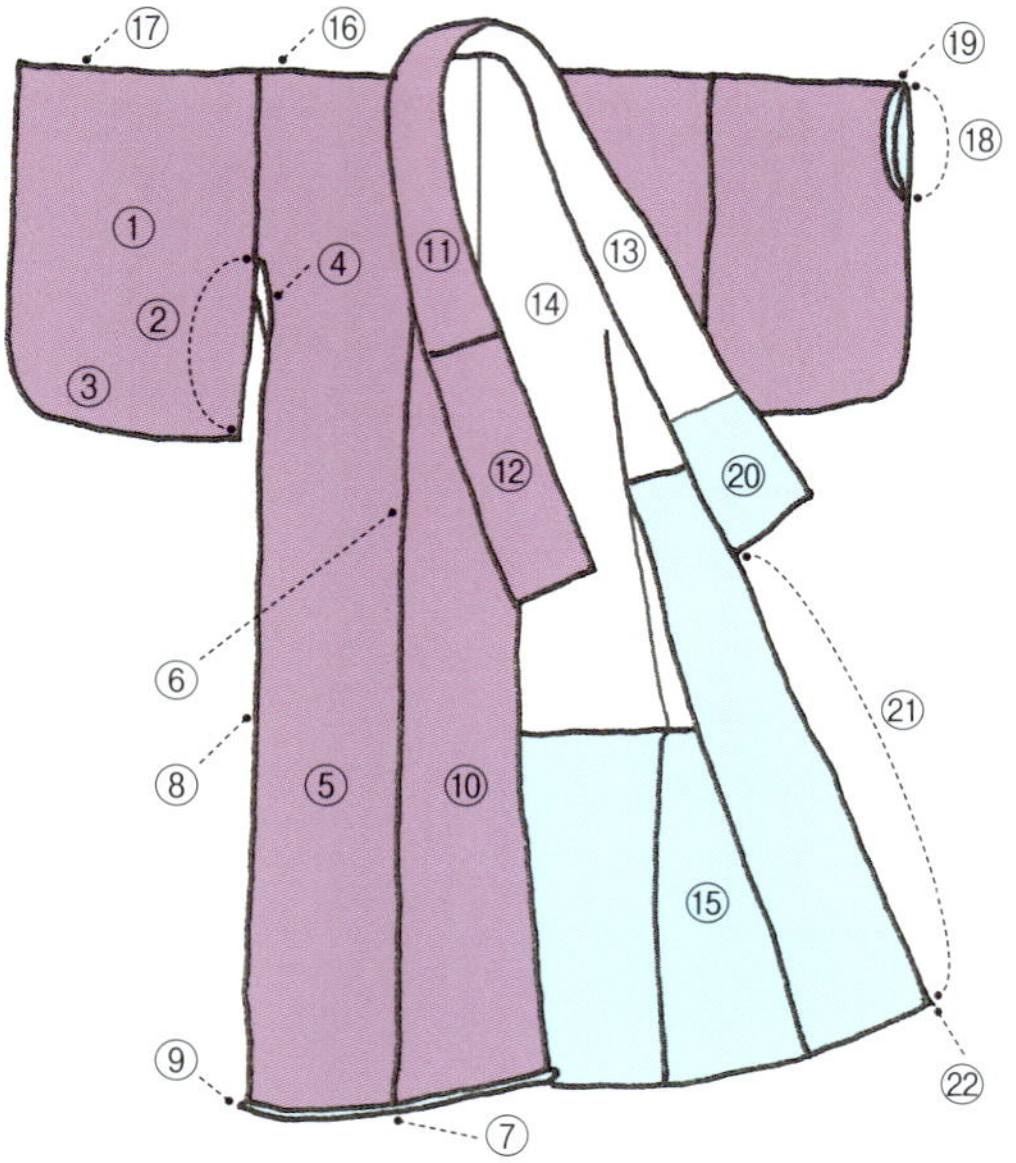

①前袖
②振り
③袂(袖の下の袋状の部分)
④身八つ口(身頃の脇の開き)
⑤前身頃
⑥衽線
⑦裾ふき
(裏布を表布より出して仕立てた部分)
⑧脇線
⑨裾
⑩衽
⑪掛け襟/共襟(地襟の上につけた襟)
⑫地襟/本襟
⑬裏襟
⑭胴裏(着物の裏布)
⑮裾回し/八掛(裾や袖口の裏布)
⑯肩山(前身頃と後ろ身頃の折り目の山)
⑰袖山(前と後ろの袖の折り目の山)
⑱袖口
⑲袖口ふき
(裏布を表布より出して仕立てた部分)
⑳襟先(襟の下端)
㉑襟下/褄下
㉒褄先(襟下と裾の角)

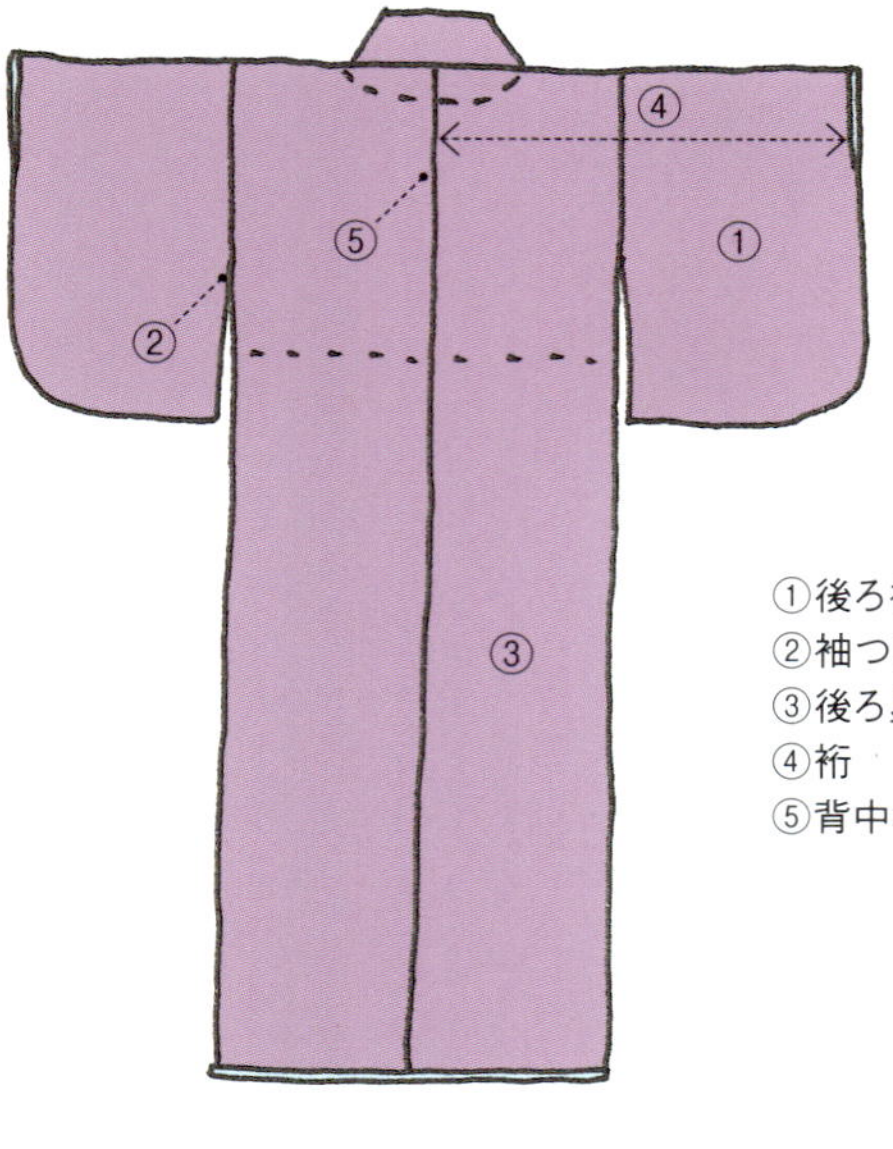

①後ろ袖
②袖つけ止まり
③後ろ身頃
④裄
⑤背中心

着物を着たときの各部の名称

着付けのときなどに使う部位です。

①背中心
②帯山
③お太鼓
④たれ

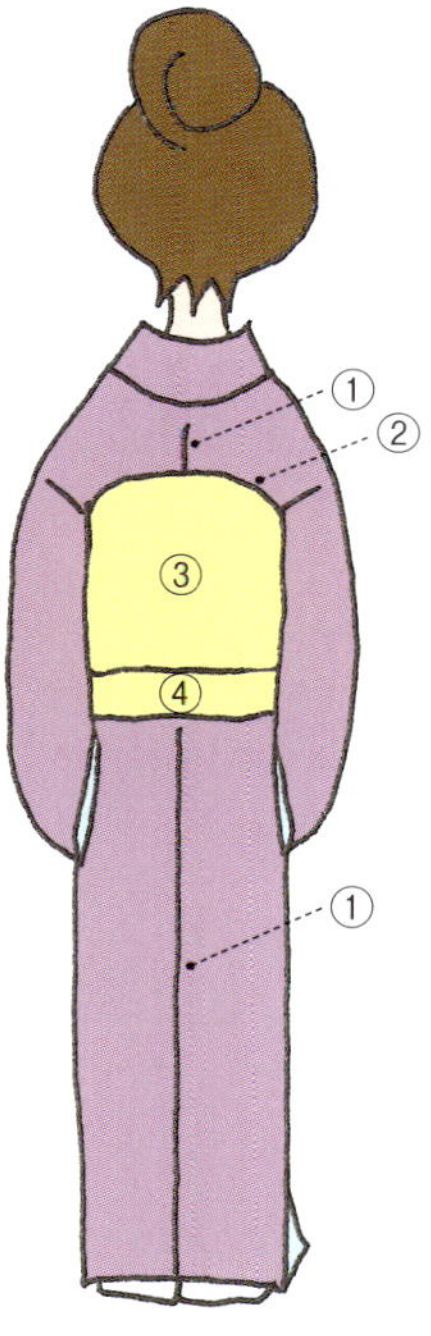

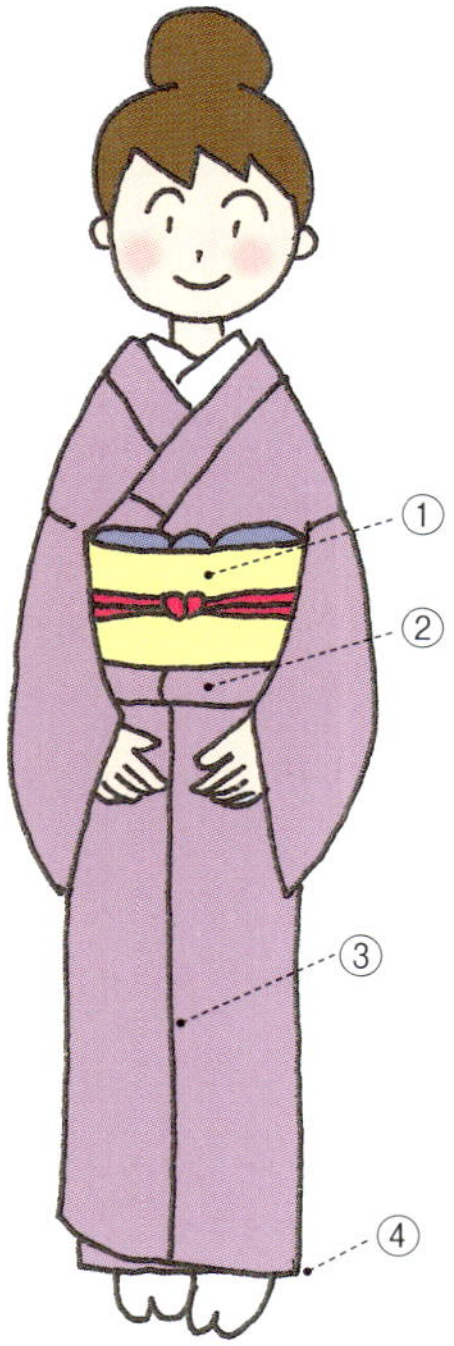

①前帯
②おはしょり
③衽線
④裾線

襟の形

【ばち襟】

襟先にかけて襟幅が広くなる形。ゆかたなどのふだん着や長襦袢に便利。

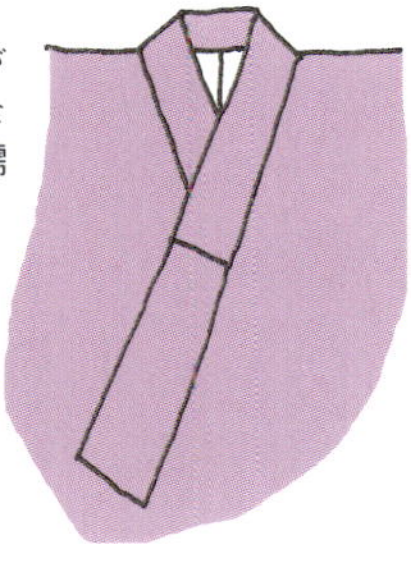

【広襟】

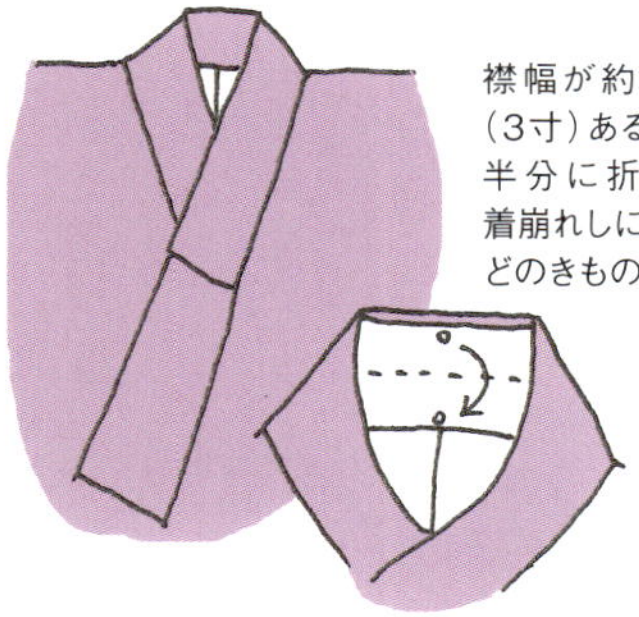

襟幅が約11.4センチ（3寸）ある幅広の形。半分に折って着る。着崩れしにくく、ほとんどのきものに使う。

着物の仕立ての仕組み

反物の裁断から縫製までを図解で説明します。

【 反物の裁断 】

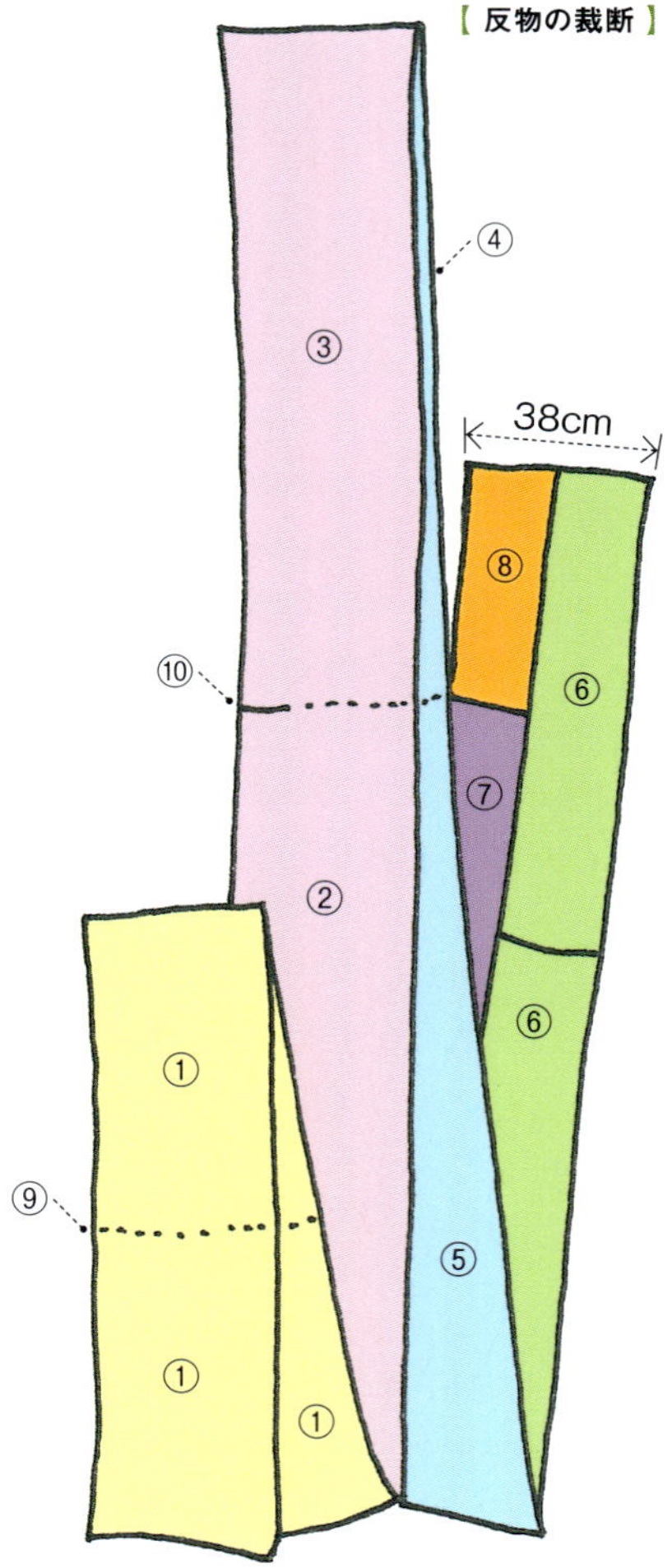

【 平面図 】

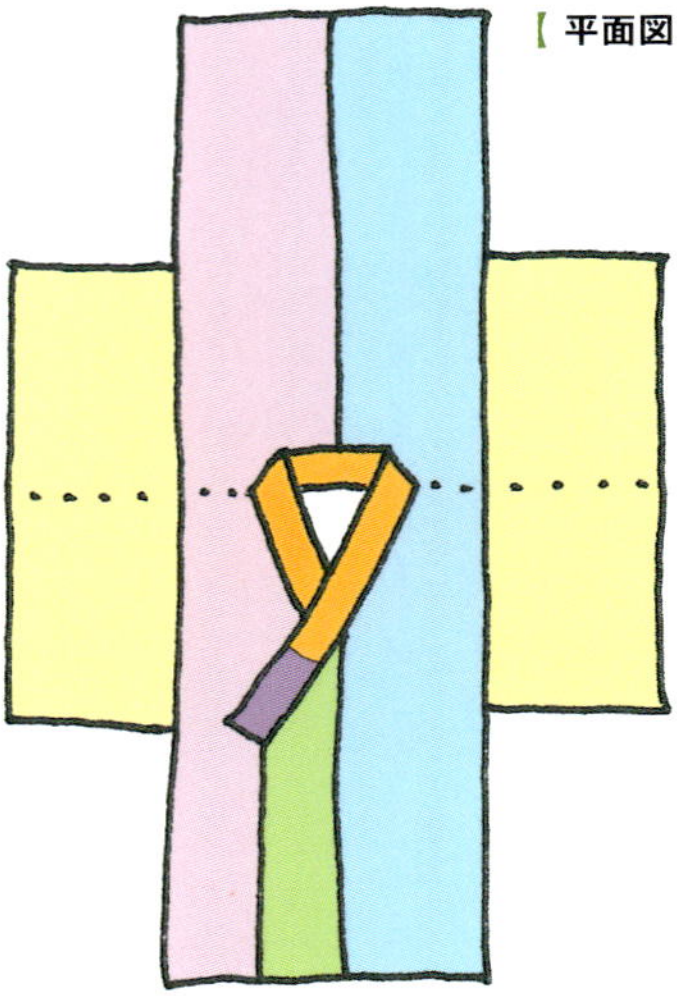

①袖
②前身頃（右）
③後ろ身頃（右）
④後ろ身頃（左）
⑤前身頃（左）
⑥衽
⑦地襟
⑧掛け襟
⑨袖山
⑩襟肩あき

１反の反物を直線裁ちして作る着物は、洋服のようなダーツやカーブがないので布地のむだが出ず、解いてつなぎ合わせると１枚の布に戻ります。また、袖幅や身幅の最大値は反物の幅で決まっていますので、縫い代や仕立て方で微調整をします。

着物からマイサイズを出す

着やすい着物の各部位を測ればマイサイズを確認できます。

①抱き幅
（身八つ口の下の縫いどまりから
衽線の縫い目までの幅）
②合褄幅
（襟先の先端の位置で測る衽の幅）
③前幅
（前身頃の裾部分で
脇線から衽までの幅）

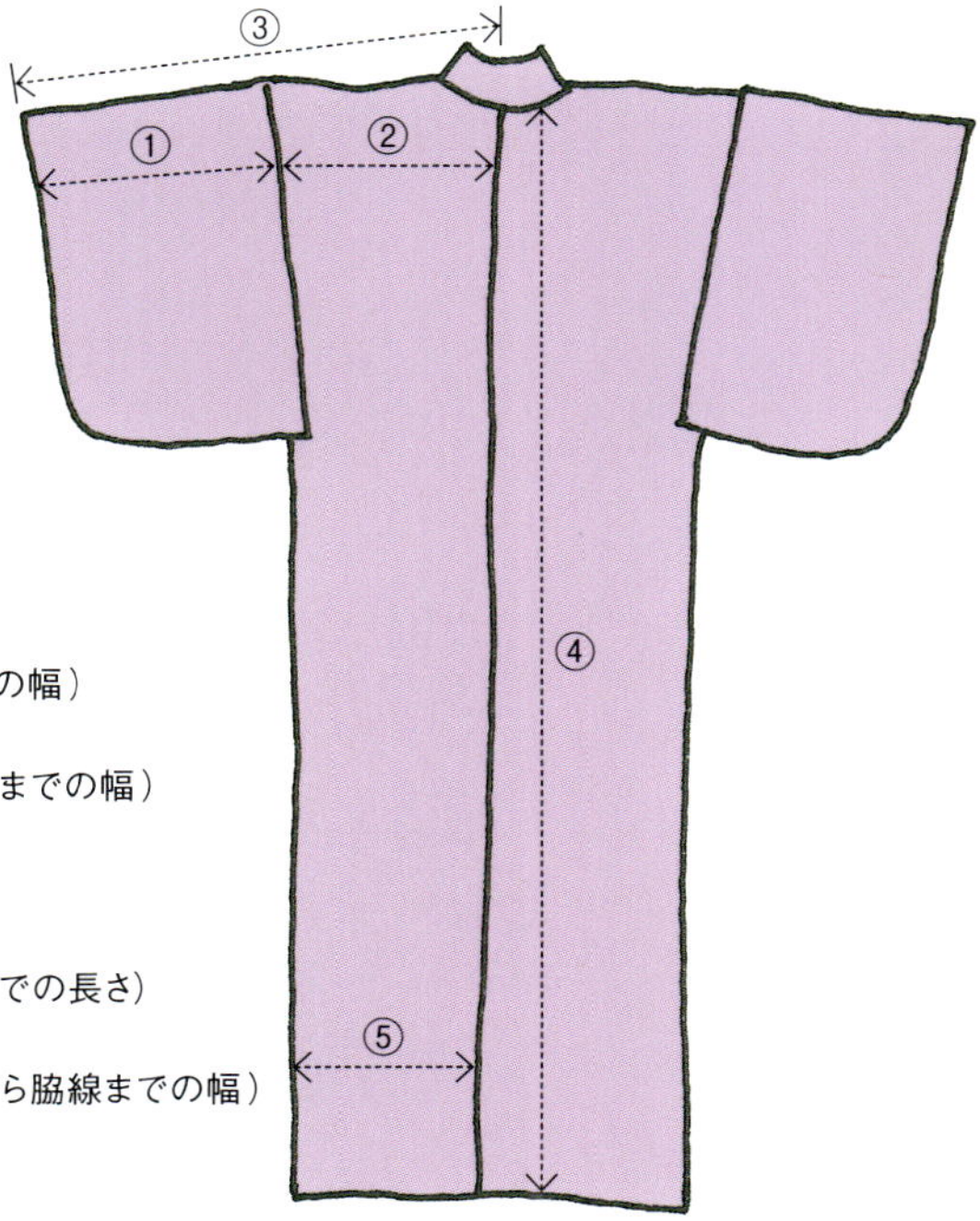

①袖幅
（袖つけから袖口の先までの幅）
②肩幅
（身頃の背中心から袖つけまでの幅）
③裄
（肩幅+袖幅）
④身丈
（背中心の襟つけから裾までの長さ）
⑤後ろ幅
（後ろ身頃の幅。背中心から脇線までの幅）

マイサイズを割り出す

体のサイズや好みによってサイズが変わる部位です。

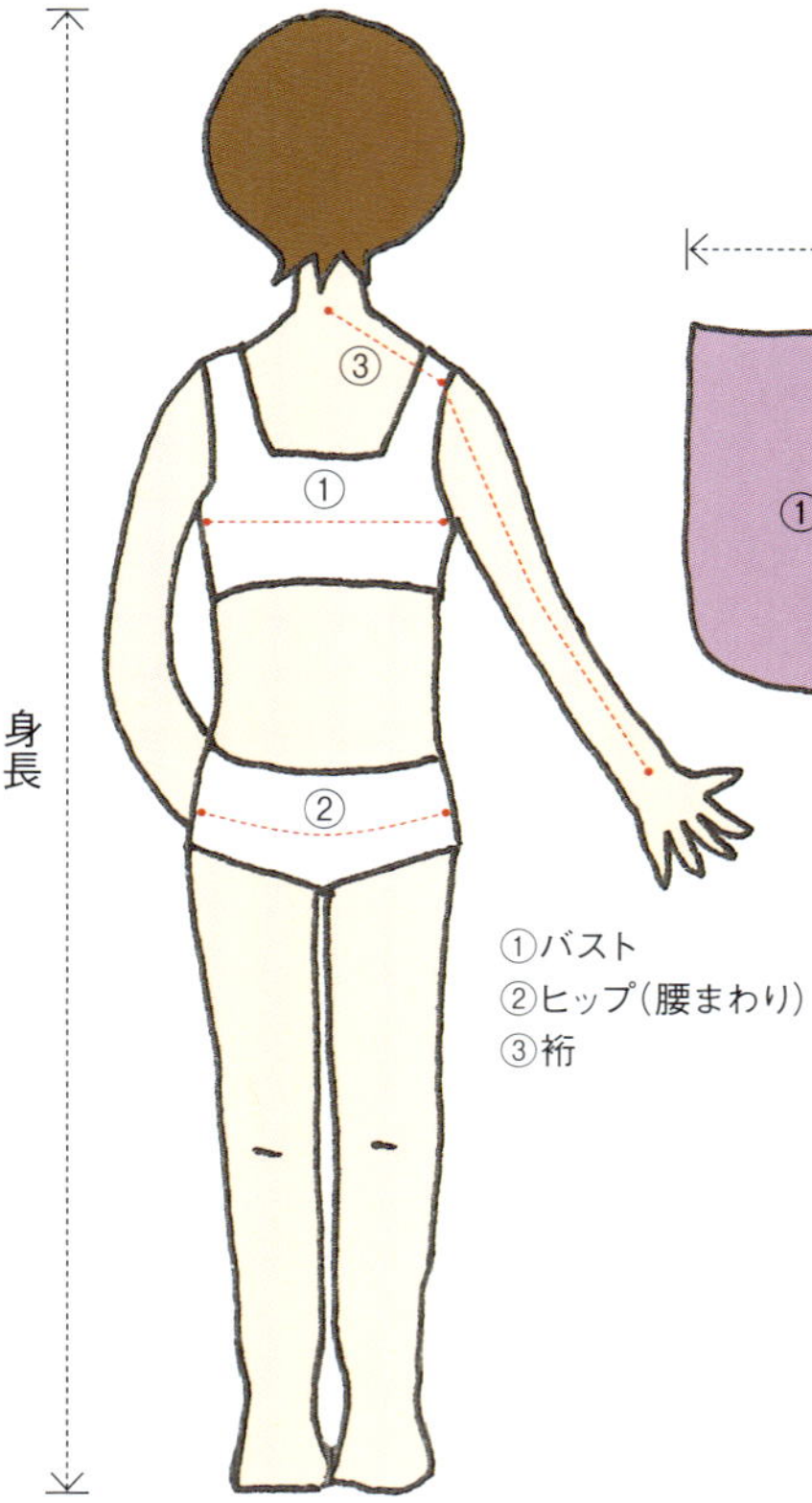
身長
①
②
③
①バスト
②ヒップ（腰まわり）
③裄

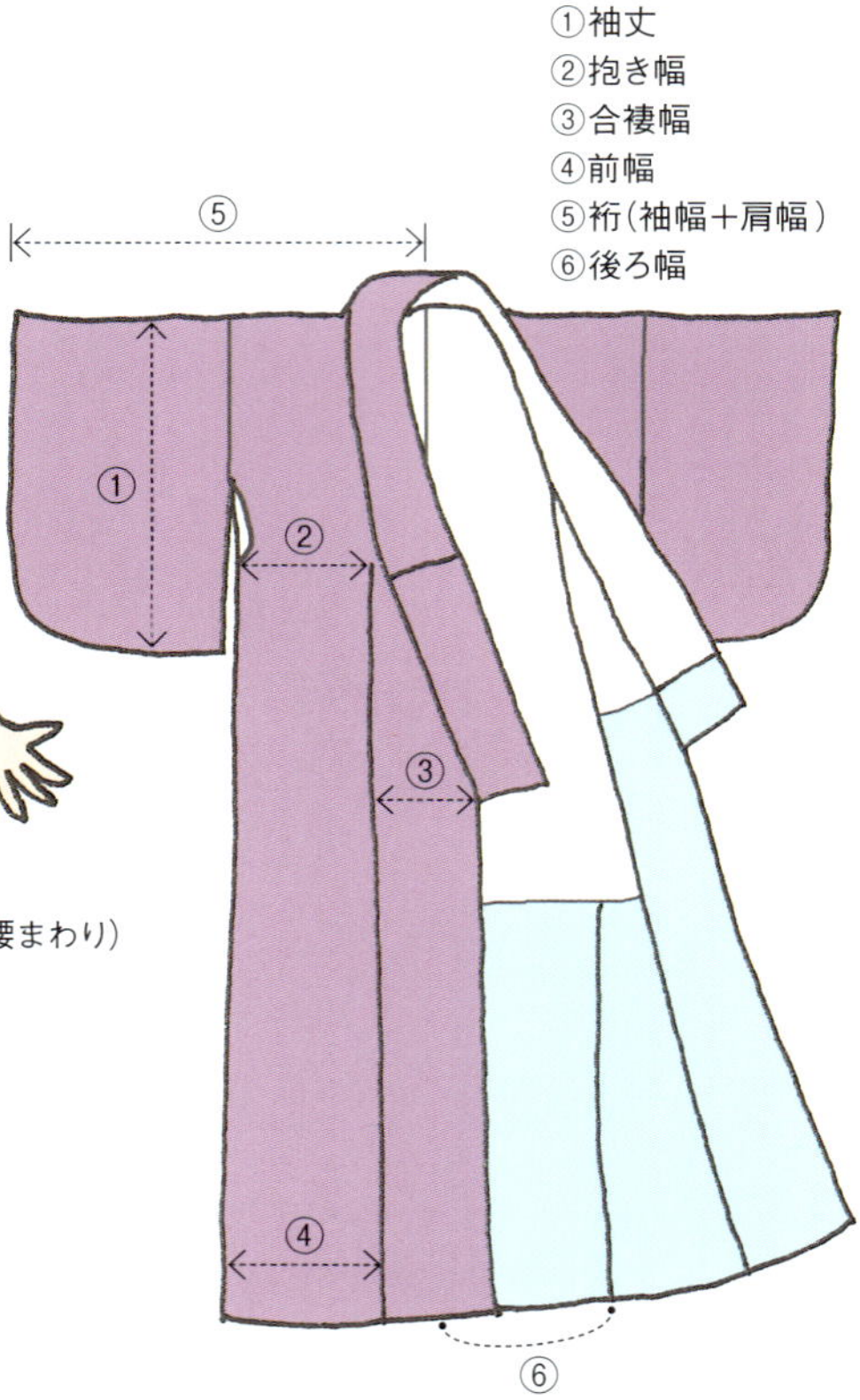
①袖丈
②抱き幅
③合褄幅
④前幅
⑤裄（袖幅＋肩幅）
⑥後ろ幅
①
②
③
④
⑤
⑥

【 体型に合わせた仕立て方例 】

・お腹が出ている

前身頃の脇にタックを入れる（おはしょりで隠れる）。

・太ももが張っている

脇縫いの裾から前身頃を少し詰めてラインを斜めにする。

・いかり肩

繰り越しと肩あきを多めにする。

着物の各部のサイズ

標準サイズになる部位と体型に合わせる部位をまとめました。

部位	目安	標準値	ワンポイント
身丈	身長	155cm	着付け時に腰紐の位置が低い人は3cm減
袖丈	身長	49cm	160cm以上の人は身長の約⅓がバランスがよい
裄	採寸値	66cm	仕立て可能な裄の最大値：生地幅×2－4cm
袖幅	身幅	34cm	仕立て可能な袖幅の最大値：生地幅－2cm
肩幅	身幅	32cm	広すぎると胸や脇にシワが寄りやすい
袖口	標準値	23cm	袖丈が短い場合は短く調整する
袖付	標準値	21～23cm	帯を高めに結ぶ人は19cm、低めなら22.7cm
袖の丸み	袖丈	2cm	袖丈が長い場合は丸みを多くする
身八つ口	体の幅	13～15cm	袖付＋身八つ口＝34cm以上にする
後ろ幅	ヒップ	28.5～29.5cm	幅に余裕がないと背縫いがいたみやすい
前幅	ヒップ	23～24cm	ヒップ÷4＋1cmが目安
抱き幅	体の幅	21.5～23cm	バスト÷4＋1cmが目安
襟下	身長	78cm	身長の約½が目安
衽幅	標準値	15cm	好みや体型により増減の調整もある
合褄幅	体の幅	14cm	ふくよかな人は広めにする
繰り越し	体の幅	2cm	好みや体型により調整する

【身長170cm】

袖丈：55～57cm
身長の⅓の約57cmが目安だが、どのくらい袖丈が取れるかは反物の長さによる。

【身長155cm】

袖丈：49cm（標準値）
好みでサイズを、ふだん着は45cm、フォーマルは53cmというように変えてもよい。

着物のたたみ方

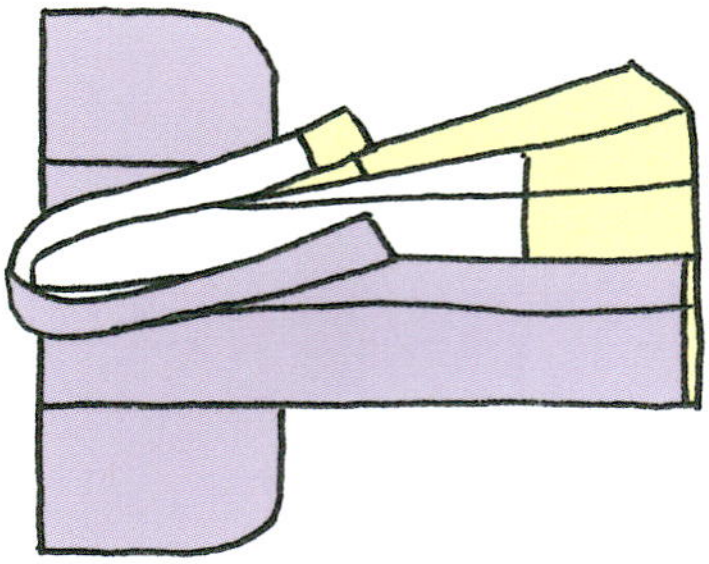

❶
襟を左にして広げる。
下前の脇線を内側にする。

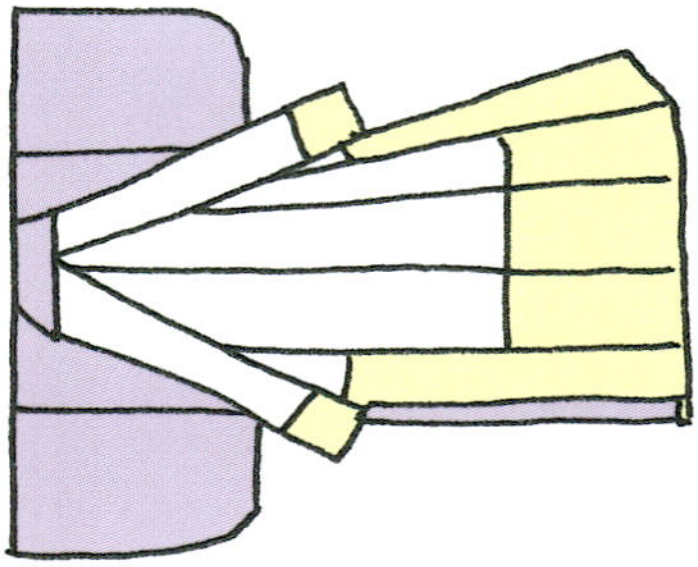

❷
下前と上前の衽を衽線で
外側に折り、襟を内側に折る。

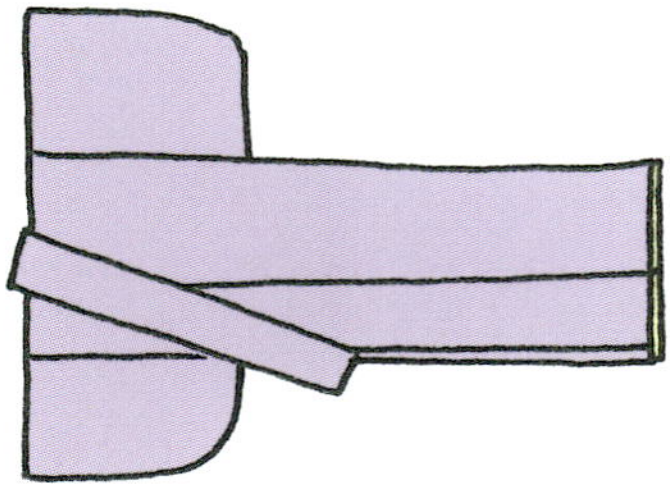

❸
上前の衽を下前の衽に重ねる。
襟先と襟下、褄先も
ずれないように重ねる。

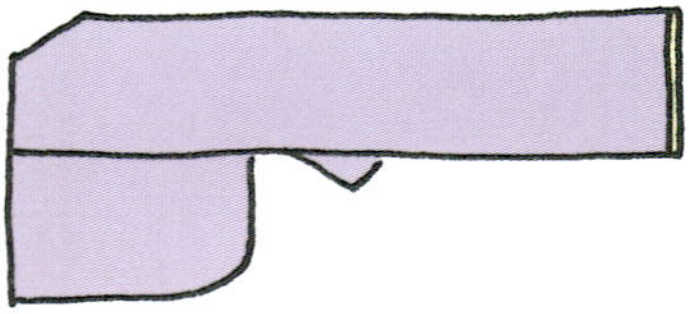

❹
襟を左にして広げ、
両脇をまちの折り目で折る。
襟は縫い目で内側に折る。

❺
左袖を袖つけで折り返し、身頃に重ねる。
右袖も同様にして下側に折り返す。

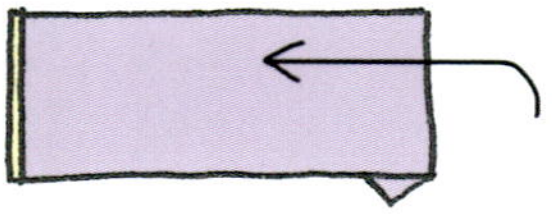

❻
裾を持って、
身頃を二つ折り、
または三つ折りにする。

長襦袢のたたみ方

❶
襟を左にして広げる。上前を上にして、
上前と下前を両脇の脇線で内側に折る。

❷
下前の脇線を持って、脇線が
身頃の中央に重なる位置で折る。

❸
下前の袖を外側に折り返す。

❹
上前も②、③と同様に折る。

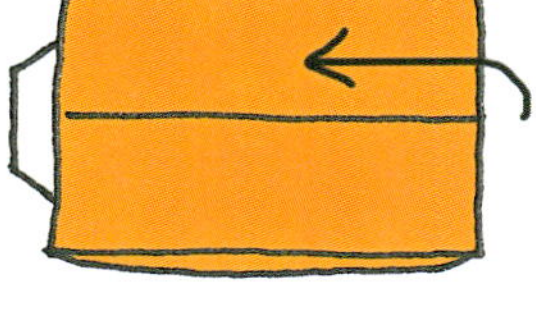

❺
裾を持って、身頃を二つ折りにする。

名古屋仕立ての名古屋帯のたたみ方

1

たれの裏側を上にして、
たれ先が右にくるよう帯を広げる。

2

①前帯とお太鼓の
縫い止まりを三角形に折る。
②てをたれに重ねる。

3

たれの端に沿っててを折り返す。

4

①てを三角形に折って
左側に折り返す。
②て先を内側に折り返す。

5

①三角形を内側に折る。
②左側に半分に折り返す。

6

表に返す。

袋帯のたたみ方

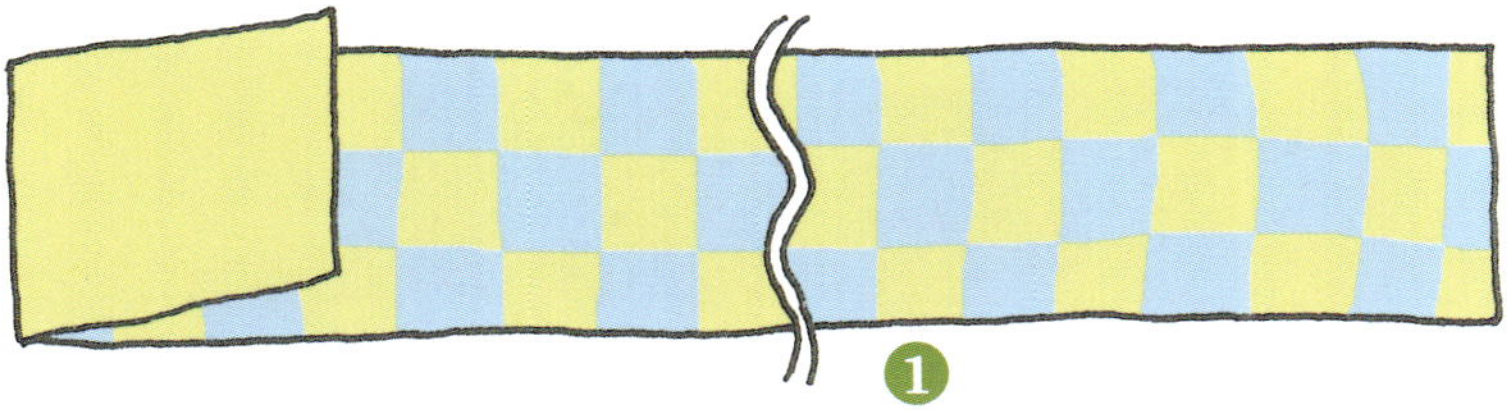

❶
裏を上にして広げ、たれ先を30cmほど折る。

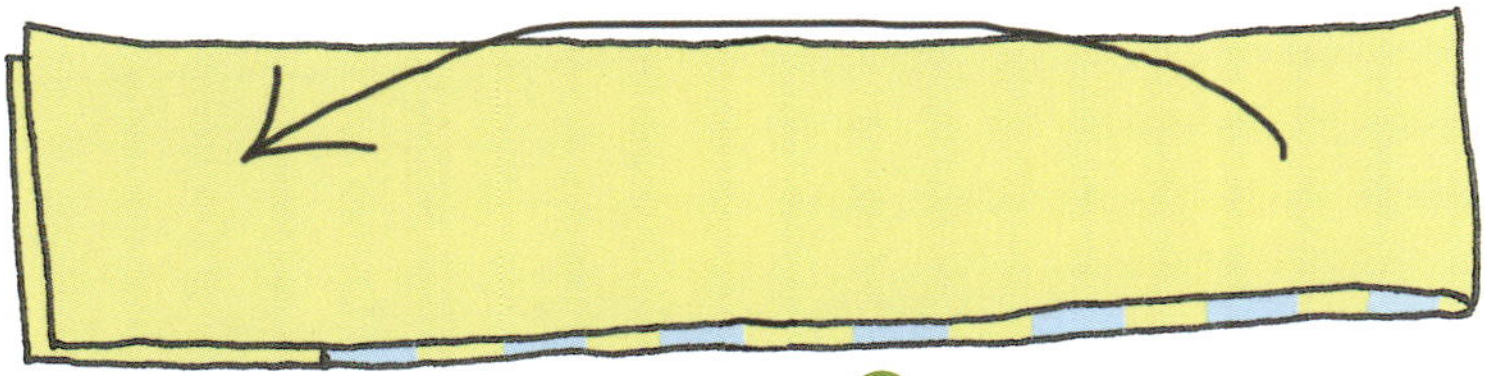

❷
二つ折りにして両端を重ねる。

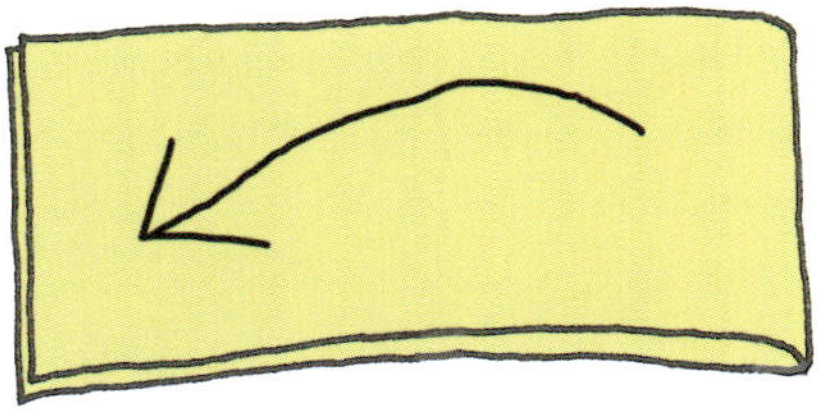

❸
さらに二つ折りにする。

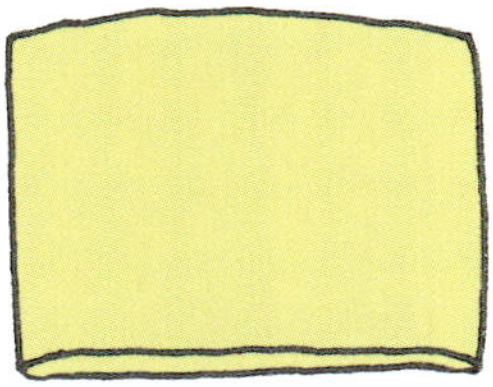

❹
もう一度、二つ折りにする。
お太鼓に折りジワが
つかないたたみ方になる。

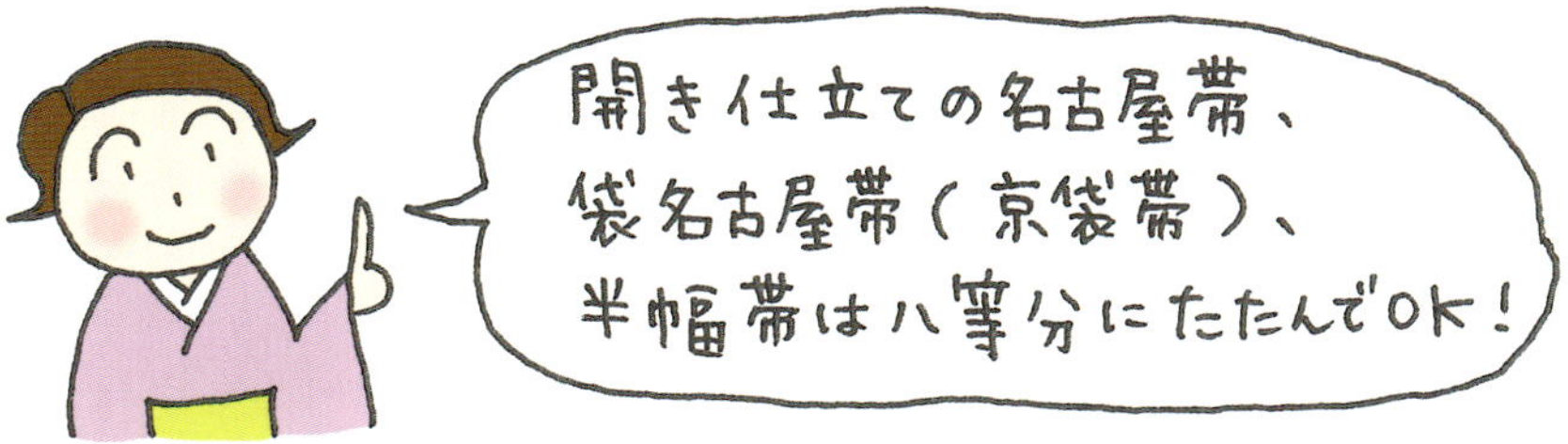
開き仕立ての名古屋帯、
袋名古屋帯（京袋帯）、
半幅帯は八等分にたたんでOK！

羽織のたたみ方

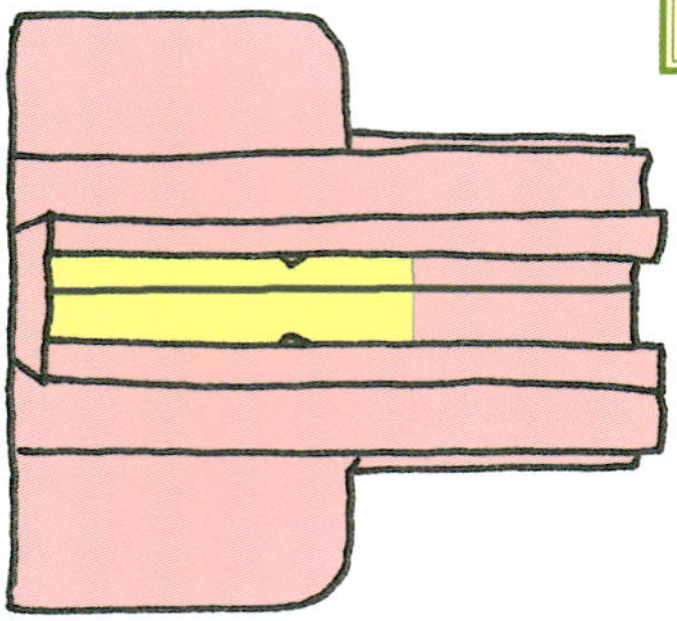

❶
襟を左にして広げ、両脇をまちの折り目で折る。
襟は縫い目で内側に折る。

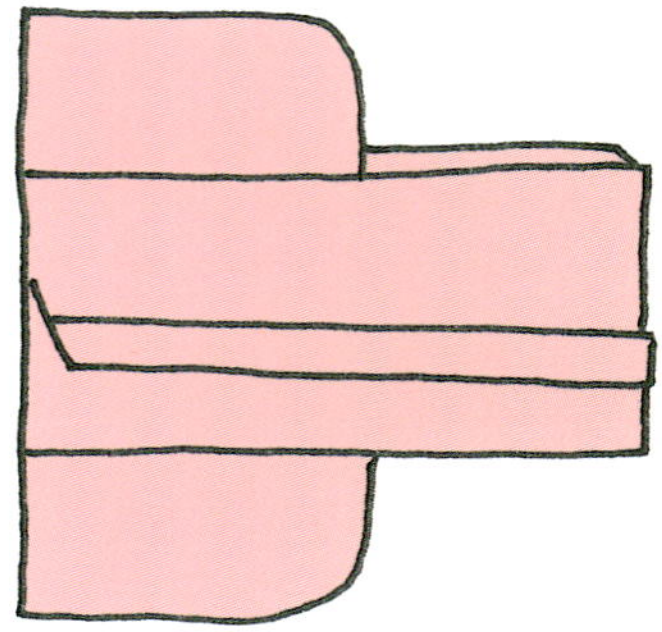

❷
左襟を右襟に重ねる。

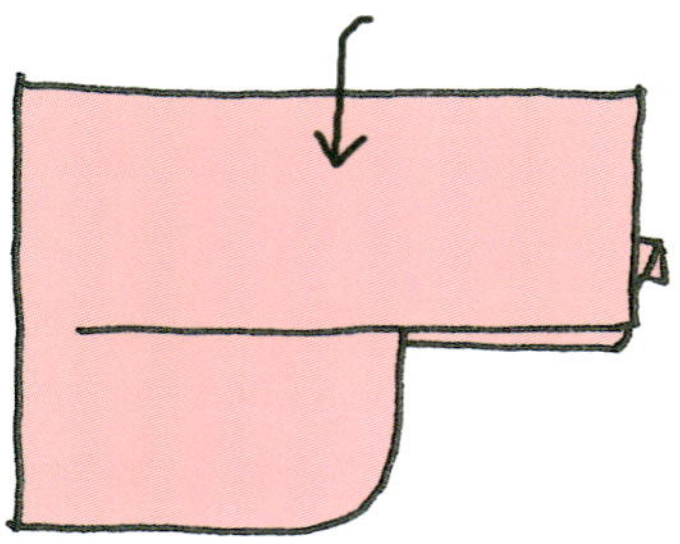

❸
上前の脇の折り目を持って、
下前の脇の折り目に重ねる。

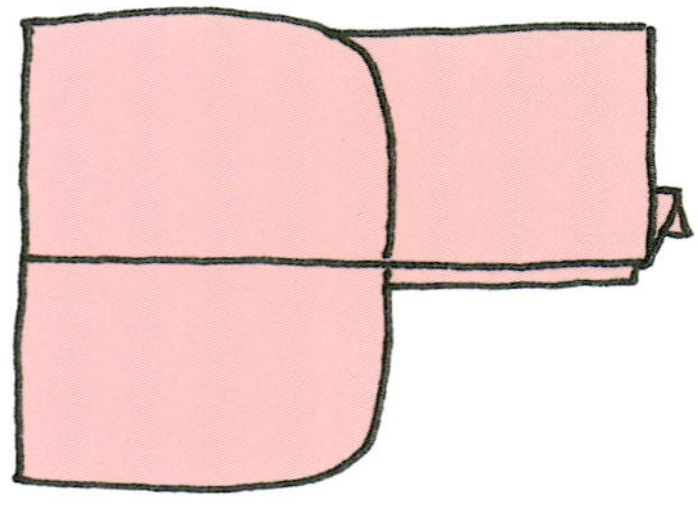

❹
左袖を身頃側に折り返す。

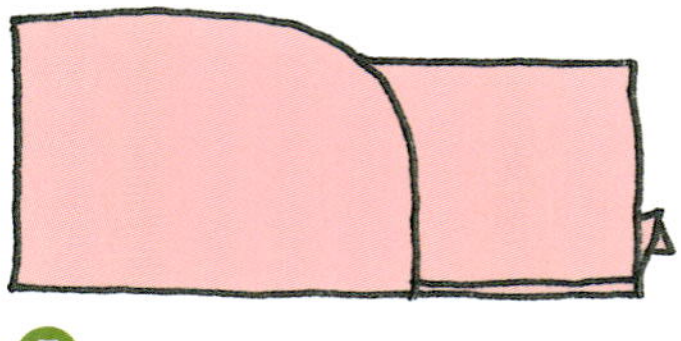

❺
右袖を下側に折り返す。

コートのたたみ方

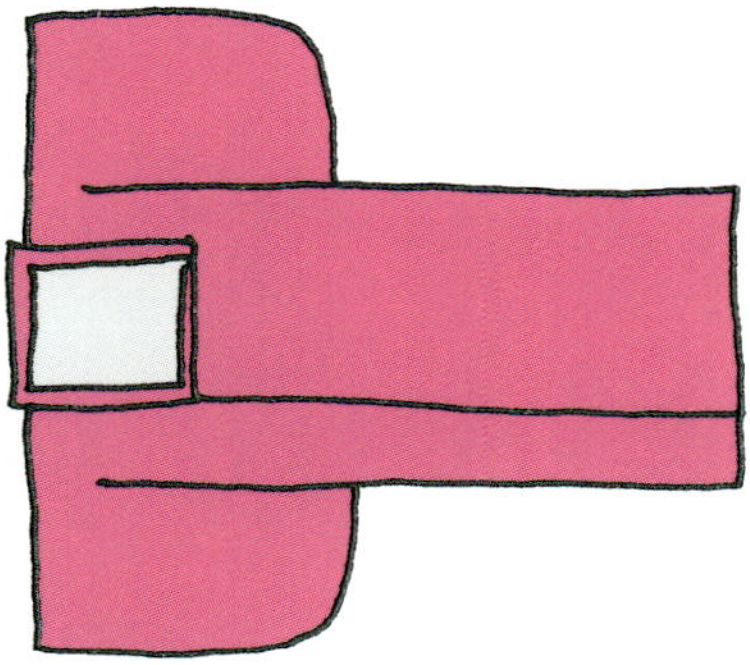

❶
襟を左にして広げ、両脇を縫い目で折る。

❷
右脇の脇線が背中心に重なる位置で
身頃を折る。

❸
右袖を折り返す。

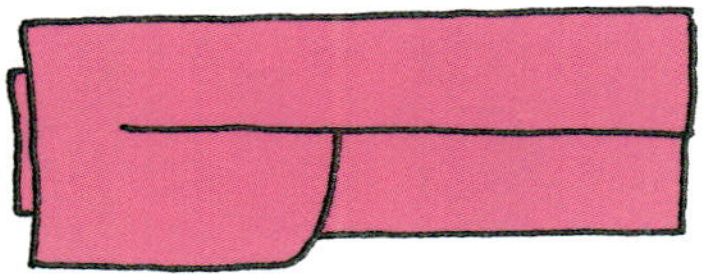

❹
左脇も❷と同様に折る。

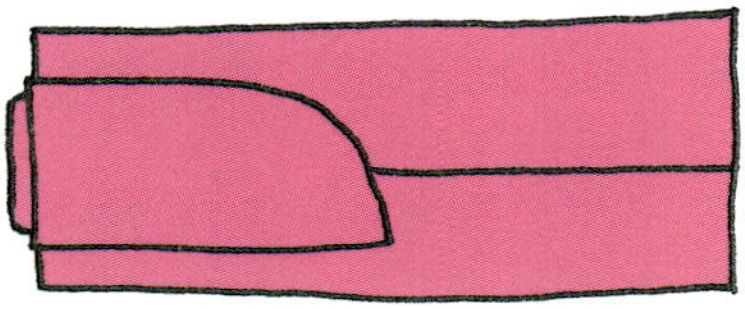

❺
左袖を折り返す。

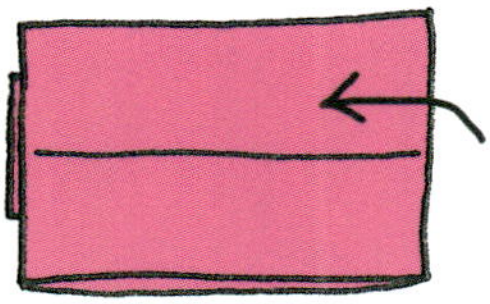

❻
裾を持って、身頃を二つ折りにする。

おまけ
きくちいま
きものカルタ
あなたを励ますカードはどれ?

あ
119

暑がりが
無理して袷
救急車

ふ

ファッションのきもの
自由に胸張って

ど
お母さんの人生はお母さんのものです!!
入学式はきものを着ます!

堂々と
開き直って
着たいもの

き
オレ きものキライなんだよね
←呉服屋
バキッ
とうっ

きもの好き
商売必携
資格証

う
10000
10000
10000
あああ これはもう

運命の出会い
諭吉よ また会おう

断捨離で
鴨レバ鱈が邪魔を
する

手首が出たっていいじゃないか
カジュアルだもの

無地きもの
コーデ遊びの
決定版

安物と言わぬ
大人の身だしなみ

ほめ合って
ほほ笑み合って
きもの人

洋服も
きものも楽し
女道

撮影　前田一樹
ブックデザイン　釜内由紀江（GRiD）
清水桂（GRiD）
着付け指導　立川直子（すみれ堂）
企画・編集　桜井美貴子（株式会社エイブル）
編集協力　青山ゑり華
仕立の店藤工房
加藤一二三

Special thanks
粟野商事（季織苑工房）
呉服のたなか
坂本屋夢の蔵
月之
なをし屋
西村織物
藤井紋
結城龍田屋
和工房あき
和小物さくら
石川幸代
今井ひろみ
岡良恵
長井忍
半澤宣子
水野比奈
宮崎ひさみ

似合う着物が３枚あればいい
きくちいまが伝えたい！
40代からの新・着物生活

2015年6月12日　第一刷発行
2016年6月25日　第三刷発行

著　者　きくちいま
発行者　岩野裕一
発行所　株式会社 実業之日本社
〒153-0044 東京都目黒区
大橋1-5-1
クロスエアタワー 8階
電話　編集 03-6809-0452
販売 03-6809-0495
http://www.j-n.co.jp/
印　刷　大日本印刷株式会社
製　本　株式会社 ブックアート

ISBN978-4-408-33316-8

きくちいま

1973年山形県生まれ。都留文科大学を卒業後、きものの広告、出版会社にコピーライターとして入社。1999年、独立。イラストとエッセイを組み合わせた作風で、自身の毎日着物を着て暮らす日々を綴り、世の中に“ふだん着物”ブームを作る。以降、執筆活動の傍ら、講演会、着物や帯、和風小物などのコラボ作品のデザインなど多方面で活躍中。著書に『きくちいま流着物生活48のワザ』『きくちいまが伝えたい買ってはいけない着物と着物まわり』（ともに実業之日本社）、『きくちいまの大人かわいい着物読本』（主婦と生活社）、『お気に入りのはぎれで作る布絵手紙』（河出書房新社）など多数。2013年、リサイクル着物のセレクトショップ『きくちいまのひきだし屋』をオープン。山形の自宅では３児と１匹（犬）の母。

きくちいま HP
いまっぺーじ http://www.imappage.net/

きくちいまのひきだし屋
東京都目黒区青葉台１丁目25-2
☎03-3760-3529
Twitter:@hikidashiya1